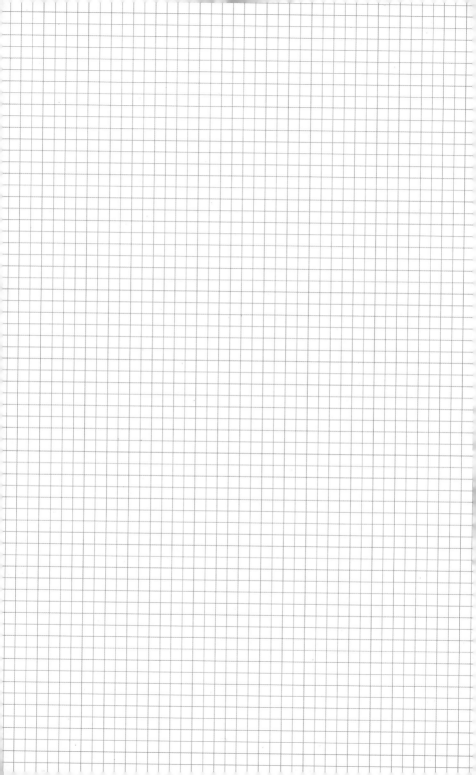

지구를 돌보는 특별한 환경 수업

열두 달 초록의 말들

지구를 돌보는 특별한 환경 수업

열두 달 초록의 말들

1판 1쇄 발행 2024년 4월 15일

지은이   장한라

편집   이혜재
제작   세걸음

펴낸이   이혜재
펴낸곳   책폴
출판등록   제2021-000034호
전화   031-947-9390
팩스   0303-3447-9390
전자우편   jumping_books@naver.com

© 장한라, 2024

ISBN 979-11-93162-25-5 (03300)

너와 나, 작고 큰 꿈을 안고 책으로 폴짝 빠져드는 순간
책폴

블로그   blog.naver.com/jumping_books
인스타그램 @jumping_books

열두 달 초록의 말들

장한라 지음

지구를 돌보는

특별한 환경 수업

O

초록의 말을 채울 다음 주자가 되어 주세요

'명언'이라는 말을 들으면 떠오르는 이미지가 있습니다. 왠지 아인슈타인이나 에디슨 같은 유명하고 위대하다고 누구나 얘기할 법한 사람들이 한 말일 것만 같습니다. 어쩐지 그 말대로 살아야 할 것 같은 부담도 듭니다.

그런 '명언'에 여러분의 말이 꼽힌 적, 혹시 있나요? 아마도 없겠지요. 아주 특별하거나 운이 좋은 경우를 빼고는요. 아무 사람의 아무 말이나 명언이라고 꼽아 주지는 않으니까요. 저의 말역시도 단 한 번도 명언으로 꼽힌 적이 없습니다. 어쩌면 지극히 당연한 일이지만요.

한데 희한하게도 이 책에서는 '아무 사람의 아무 말'을 명언처럼 골라 따옴표 안에 넣으려고 했습니다. 물론 마음처럼 쉽지는 않았습니다. 제가 말을 길어 올리려면 책이나 기사를 찾아봐야 했는데요, 그런 곳에 실리는 사람들은 보통은 이미 어떤 면에서 든 '훌륭하다'고 손꼽히는 사람들이었으니까요.

그래도 되도록 미국 사람보다는 힘이 약한 나라 사람들의 말을, 어른보다는 청소년의 말을, 백인보다는 다른 피부색을 지닌 사람들의 말 등을 찾아내고자 애썼습니다. 그래서 같은 대통령이더라도 미국 대통령 대신 코스타리카 대통령의 말을 골랐습니다. 다만 이 책에 담기지 않은 말들이 여전히 더 많습니다. 저의 말도, 여러분의 말도, 아직 이 책에 들어 있지 않으니까요. 이 책에서 미처 품지 못한 존재가 있다면, 그것은 그 존재가 부족해서가 아니라 제 시야의 한계 때문입니다.

왜 '아무 사람의 말'을 고르고 싶었느냐면요, 이 지구별 위에서 벌어지는 일은 우리 모두의 일이니까요. 누구나의, 그러니까 아무나의 일이니까요. 누구든 아무든 말할 자격이 있기 때문이지요. 그래서 아무나의 말들을 모았습니다. 이 글을 쓰는 저도 '아무나'고요, 이 글을 읽는 여러분도 '아무나'니까요.

지구별의 면면을 곱씹게 도와주는 출발점이 되는 말들을 모았습니다. 우리가 사는 지구별을 이렇게도 바라보고 저렇게도 바라보았습니다. 하물며는 '우리'라고 쉽게 내뱉는 말 속에 누가 들어가는지부터 뜯어볼 수 있겠지요. '우리 가족'이나 '우리 인간' 말고도, 지구별 위에서 지내는 동물, 식물, 미생물, 광물도 마음먹기에 따라 '우리'라고 묶어 볼 수 있습니다.

지구별을 요모조모 뜯어보려니 결코 한자리에만 머무를 수 없었어요. 그래서 한국의 생활 공간을 벗어나, 제가 지구별 '아무 곳'이나 돌아다니며 겪은 순간들도 간간이 함께 엮어 두었습니다.

바로 여행의 순간들입니다. 저는 여행을 하면 삶이 꼭 한 가지 모양 틀을 따라갈 필요가 없다는 사실을 깨닫습니다. 모두가 젓가락을 써서 밥을 먹지 않는다는 사실을 겪고, 씨나 기름을 얻어 내려고 해바라기를 심는 게 아니라 그냥 바라보고 싶어서 심는 사람들을 만나고, 돈을 받지 않고 자기 집 소파를 여행객의 침대로 내어 주는 집에서 묵다 보면, 꼭 아파트에서 사는 것만이 능사가 아니고, 반드시 물건을 많이 가질 필요가 없으며, 모두가 재산을 불리지 않아도 괜찮고, 지구에 해를 덜 끼치면서도 충분히 즐겁게 살아갈 수 있다는 사실이 몸에 스며듭니다.

그렇지만, 헐레벌떡 카메라를 들이대고 싶어지는 여행지의 이야기는 아닙니다. 유튜브에 올라간다면 과연 조회 수가 나오기나 할까 싶은 곳들입니다. 그래서 이 책에서는 파리의 에펠탑에서 보는 전망은 없습니다. 뉴욕 자유의 여신상에서 조망한 경관도 없습니다. 대신 커피와 정향나무가 자라고 아침이면 개와

닭 소리가 요란한 인도네시아 발리 산골짜기 동네에서 보는 풍경들을 담았습니다. 이 책을 쓰면서 유럽의 슬로베니아 작은 마을의 텃밭 벽돌 틈에서 제멋대로 자라난 쇠비름을 떠올렸습니다. 정말로 지구별 '아무 곳'에서 일어난 이야기입니다.

위대하고 유명하다는 것들을 굳이 등져 가면서 제가 품은 바람은 하나입니다. '아무나'의 말이기 때문에 '모두가' 하고 듣는 말이었으면 합니다. '아무 곳'의 이야기이기 때문에 '모든 곳'의 이야기로 퍼져 나갔으면 합니다. 모든 곳에 있는 모두가 하고 들을 수 있도록 말이에요.

제가 어쩌다 보니 먼저 눈에 띈 말들을 말풍선 안에 넣어 소개하게 되었지만, 만약 여러분을 알고 지냈다면 여러분의 말을 그 안에 집어넣었을지도 몰라요. 여러분의 말과 생각 가운데는 어떤 것을 집어넣고 싶은지 마구 상상하며 말풍선 안을 구경해 주었으면 좋겠습니다. 이다음에 빈 말풍선 안에 들어올 말은 여러분의 말이니까요. 여러분 모두에게 바통을 건넵니다. 다음 주자가 되어 초록의 말을 채워 주세요.

차례

· 4월 ·

반가워, 나무야

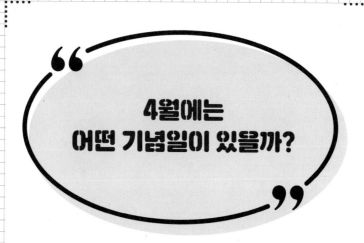

4월에는 어떤 기념일이 있을까?

4월 5일 **식목일** (한국)	4월 22일 **지구의 날**	4월 25일 **세계 펭귄의 날**

○기후·환경과 관련한 또 다른 기념일을 찾아보고, 아래에 써 보아요.

○4월, 나만의 환경 기념일을 만들어요!

예) 종이 낭비하지 않는 날(이면지 쓰기)

함께 생각해 봅시다

.Q.

나무가 점점 사라지고 있다는 사실, 알고 있지요?
무분별한 벌채, 가뭄과 산불, 기후 변화로 탄소를 흡수할
나무들이 없어지고 있습니다. 생태계의 든든한 버팀목인 나무를
지킬 수 있는 방법이 없을까요? 아주 작은 실천이라도 좋습니다.
일상에서 할 수 있는 노력을 떠올려 볼까요?

.Q.

나무도, 꽃도, 꿀벌도, 인간의 이기심으로 인해 자기 삶의 터전을
잃어버리는 것만 같습니다. 사람이 나무, 꽃 등의 자연을
이렇게 마음대로 훼손해도 되는 걸까요? 서로 의견을 나누어 보아요.

.Q.

나무가 중요하게 등장하는 책이나 영화, 만화 등의 작품을
아는 대로 찾아보고, 작품에서 나무가 주는
의미와 메시지를 나누어 볼까요?

나무의
생기

그렇지만 생기가 없어 보인다고 해서
모두 죽은 것은 아니다.
병든 너도밤나무가 완전히 회복할 수도 있다.
많은 나무들은 꼭대기 부분이 죽더라도 그 대신
더 깊숙한 어딘가에 수관을 만들어 둔다.
이렇게 나무는 수백 년을 살아간다.

페터 볼레벤
(숲 해설가·생태작가)

사람들은 나무가 생각보다 생명력이 가득하다는 사실을 곧잘 까먹고는 합니다. (물론 저도 바로 그런 사람들에 해당합니다.) 오죽하면 이런 표현들이 있을까 싶어요. '목석같다'는 말은 뜯어보면 나무나 돌과 같다는 말일 텐데, '무뚝뚝하고 무덤덤하다'는 뜻으로 쓰입니다. 한자리에 가만히 머무는 것 같은 나무의 모습을 바탕으로 만들어 낸 말일 것 같아요.

프랑스어에도 비슷한 표현이 있습니다. 옴므 드 부아(homme de bois)라는 관용구인데요, 직역한다면 '나무로 만든 사람' 정도가 될 거예요. '기운 없는 사람'을 뜻하는 말이죠. 두 경우 모두 나무는 무미건조하고 힘없는 생명체처럼 그려집니다.

그렇지만 나무의 입장도 들어 봐야 하지 않을까요? 이런 표현을 서슴없이 써도 될 만큼, 과연 나무가 그렇게나 생기 없는 생명체일까요?

사람의 눈으로 식물의 생명력을 왈가왈부하는 건 조금 성급한 일 같아요. 집에 들여 놓은 식물들을 보며 이따금씩 그런 생각을 더 하게 됩니다. 사람이 살려고 만든 집에 화분을 두었으니 결코 식물 친화적인 공간이라 할 수 없겠죠. 그런데도 식물들은 아랑곳 않고 자랍니다.

관상용 아스파라거스는 바람도 햇빛도 잘 들지 않는 냉장고 옆 구석 자리에서 꾸준히 살아갑니다. 선물 받은 꽃다발에 끼어 있던 루스커스라는 식물은, 뿌리까지 뎅강 잘린 채 물에만 꽂아 두어도 1년 가까이 빳빳한 초록색 잎을 유지합니다. 수선화 구근은 초겨울에 꽃을 피우고는 여름과 가을 내내 바삭바삭하게 말라 있어 죽은 줄 알았습니다. 이듬해 겨울에 다시 물을 주니, 다 말라비틀어진 줄로만 알았던 알뿌리에서 병아리 부리처럼 새 초롬한 잎이 돋기도 했어요.

반대로 사람이라면 당장 며칠만 물을 못 마셔도 금세 생명이 위태로워졌을 텐데 말이에요. 그러니 물 한 방울 없이도 몇 달을 거뜬히 넘긴 수선화를 감히 '기운 없다'는 말에 빗대서는 안 되겠죠. 오히려 식물의 삶은 웬만한 동물보다 더 견고하기도 합니다. 사람이 살지 못하는 곳에서, 사람은 살아갈 수 없는 방식으로도 식물은 살아가니까요.

오스트리아에 갔을 때 저는 해발 2000미터 정도가 되는 높은 산에 케이블카를 타고 오른 적이 있어요. 빠른 케이블카로도 10분 남짓을 올라가야 할 만큼 높고 가팔랐습니다. 산 위에 올라가니 사방이 하얀 구름이고 두터운 눈으로 가득해 한 발짝 한 발짝 옮기기조차 겁이 났어요.

사람 입장에서는 발을 디디는 것마저 조심스러운 까마득한 산꼭대기에서도 나무들은 멀쩡히 가지와 잎을 뻗어 내고 있었습니다. 눈과 구름과 안개뿐인 곳에서도 생명이 끊어지지 않도록 나무의 몸속에서는 물과 영양분이 분주하게 오르락내리락하고 있었을 거예요. 그것도 똑같은 자리에서 수십, 수백, 수천 년씩을요. 나무의 생명력은 꽤나 끈질깁니다. 동물과는 전혀 다른 방식으로 생동감이 넘칩니다.

그래서 앞으로 저는 '목석같다'는 말을 조금 더 신중하게 써 볼까해요. 마찬가지로 '여우처럼 교활하다'든가 '늑대처럼 음흉하다'는 말도 경계하려고요. 어떻게 보면 제일 교활하고 음흉한 종은 인간일 수도 있어요. 1963년 미국의 브롱크스 동물원에서 '세상에서 가장 위험한 동물'이라는 코너를 만들고 큰 거울을 설치해 그 앞에 선 인간을 비추어 보여 주었던 건 단순한 농담은 아닐 거예요.

나무
세입자

나무 세입자는 우리에게 무언가를 주는 존재다.
나무 세입자는 자연 한 조각이자, 고향 한 조각,
이름 없이 지내는 황폐한 도시 사막에 절로 돋아나는 식물
한 조각, 인간과 인간의 기술이 이성적으로
통제하지 않아도 자라날 수 있는 자연 한 조각이다.

프리덴슈라이히 훈데르트바서
(화가·건축가·환경 운동가)

나무 세입자라는 말을 보고 잠시 멈춰 섰어요. 인간사와 뚝 떨어져 평온한 느낌마저 주는 '나무'라는 말과, 세속의 때가 한참 묻은 것만 같은 '세입자'라는 말이 나란히 붙어 있어 영 생경했습니다. 프리덴슈라이히 훈데르트바서(Friedensreich Hundertwasser)라는 건축가 겸 미술가 겸 조각가 등등 각종 장르를 아우르는 예술가가 만들어 낸 말이에요. 나무가 자랄 땅을 빼앗아 인간이 집을 지었으니 나무에게 집의 일부를 제공해야 한다는 생각이 '나무 세입자'라는 말에 녹아 있습니다.

이 사람이 직접 설계했다는 박물관을 둘러보다가 이 나무 세입자를 만났습니다. 실제로 박물관 곳곳 창문 안쪽에는 가로 세로 1미터쯤 되는 작은 공간에 흙을 채워 두었고, 그 흙에 그리 굵지도 않은 나무들이 뿌리를 내리고 창밖으로 가지를 뻗고 있었습니다. 그리고 왜 이런 나무 세입자들을 만들어 두었는지 작가가 써 내려간 글을 마주했습니다.

'예술가 놀이'에 심취한 사람이 그냥 튀어 보이고 싶어 대충 되는대로 궁리해 낸 것은 아닐까? 이런 삐딱한 시선도 품어 보았습니다. 하지만 나무 세입자들이 인간에게 내어 주는 단순하고도 단단한 이점들을 읽다 보니 삐딱했던 눈길이 스르르 제자리로 돌아왔어요.

나무 세입자는 공기를 만들어 내고, 나무 세입자는 청소기처럼 먼지를 빨아들이고, 나무 세입자는 소음을 집어삼키고, 커튼처럼 바깥 시선을 차단해 도피처를 만들어 줍니다. 박물관에서 나무 세입자에 관해 적어 둔 건 아홉 가지뿐이었지만, 그것 말고도 더 대려면야 얼마든지 댈 수가 있겠죠.

이 박물관이 있는 오스트리아로 여행을 오면서 집에 두고 온 화분들이 생각났습니다. 일주일에 한 번쯤은 바람도 쐬어 주고 물도 주라며 가족들에게 부탁해 두고 왔는데, 과연 저와 함께 사는 식물 친구들이 잘 지내고 있었을까요?

화분에 담긴 식물 친구들도 얼추 나무 세입자만큼 많은 것들을 제게 선사해 주는데, 저는 그이들에게 뭐라도 제대로 베풀어 주고 있는 것일지 궁금하기도 하고 걱정도 되었습니다. 아니나 다를까, 여행에서 돌아와 보니 특히나 성품이 예민한 로즈마리는 제가 자리를 비운 사이 잎이 제법 말라 있었습니다. 저는 썩

모범적인 집주인은 아니었던 거죠.

문득 집주인이 맘에 안 들어도 덥석 박차고 나가기도 어려운 식물로 산다는 건 어떤 느낌일까 궁금해졌습니다. 저라면 열이 뻗쳐서 제풀에 폭삭 말라 버릴지도 몰라요. 인간이 정해 준 화분 말고, 바깥 땅에 뿌리를 내린 나무들은 비교적 사정이 나을지도 모릅니다. 그래도 여전히 걱정이 됩니다. 이를테면 나무들은 홍수가 나도 도망을 갈 수가 없으니까요. 누가 베어 내려 들어도 당장 반격할 수가 없습니다. 그저 우연히 만난 한 장소에서 평생을 살아가는 나무들은, 지금 빠르게 달라지는 세상을 어찌 감지하고 있을까요?

지표면이 점점 더워지면 동물이야 뜻대로 움직이기라도 할 수 있지만, 그 자리에 뿌리내리고 지내는 나무들은 어떻게 할까요? 예전에는 철에 맞춰 차례차례 피던 개나리 목련 철쭉이, 이제는 한꺼번에 피어납니다. 앞으로 더 더워지거나 건조해지거나 추워질 땅에서 식물들은 어떻게 적응해 갈지가 궁금합니다. 이건 저의 일이기도 하기 때문이에요.

인간 몸의 세포에 담긴 물질들은 천천히 천천히 바뀐다고 합니다. 한 7년쯤 흐르면 온몸의 세포들이 새롭게 교체된다고 해요. 한때 저를 이루던 물질은 어디론가 흘러가, 개중 일부는 나무가 되었을지도 모릅니다. 목 좋은 언덕배기에 들어앉은 소나무에게 갔을 수도 있지만, 아스팔트 사이에 '낑겨서' 돋아난 꽃다지가 되었을지도 몰라요.

한때 저였을지도 모르는, 또 연이 닿으면 저 자신이 될 수도 있을, 마주치는 나무들에게 조금 더 다정해 보기로 합니다. 아주 충분한 시간을 들인다면, 지금 사람 꼴을 한 제가 나무가 되는 건 가정이나 상상이 아니라 사실에 가까워질 테니까요. 만약 제가 나무 세입자가 된다면, 그때도 여전히 지금 집에 살고 싶어 할지도 생각해 봐야겠죠. 세입자인 저에게 과연 제가 좋은 집주인이 될 수 있을지를요.

오스트리아 빈에 있는 훈데르트바서가 설계한
공공 주택 건물인 훈데르트바서하우스.

· 5월 ·

모든 것은
연결되어 있어

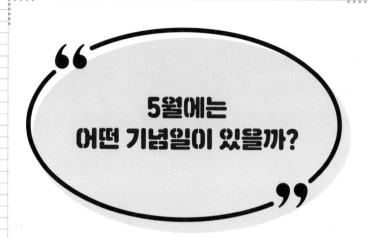

> **"5월에는 어떤 기념일이 있을까?"**

5월 둘째 주 토요일	5월 20일	5월 22일
세계 공정 무역의 날	**세계 벌의 날**	**국제 생물 다양성의 날**

○ 기후·환경과 관련한 또 다른 기념일을 찾아보고, 아래에 써 보아요.

○ 5월, 나만의 환경 기념일을 만들어요!

예) 대형 마트 대신 지역의 작은 장터 가는 날(장바구니 꼭 챙겨서)

함께 생각해 봅시다

.Q.

공정 무역은 생태환경과 어떠한 연관이 있는지 알고 있나요?

'착한 소비'라는 말을 들어 보았는지도 궁금해요.

뉴스 기사를 검색해 공정 무역이 무엇이고,

공정 무역 제품에는 어떤 것들이 있는지 찾아볼까요?

.Q.

사람을 괴롭힌다고 생각하지만, 사실 지구에 없어서는 안 될, 엄청난

도움을 주는 동물들이 있어요. 대표적으로 '벌'을 꼽을 수 있습니다.

작디작은 몸에 품은 어마한 잠재력이 궁금하지 않은가요?

벌이 인간에게 주는 이로운 점이 무엇인지 이야기해 보아요.

.Q.

'멸종 위기'라는 단어를 자주 보게 됩니다. 고래상어, 뜸부기,

수리부엉이 등 정말 많은 동물들이 지구에서 영영

사라지게 될지 몰라요. (벌도 마찬가지고요.)

내가 아는 동물들, 모르는 동물들에 관해 같이

이야기 나누고 그림으로 그려 볼까요?

1+1+ ··· +1
=80억

사회를 바꿔 주는 요정 같은 것은 없어요.
한 사람 한 사람의 손으로만
변화를 일궈 낼 수 있어요.

위노나 라듀크
(아메리카 원주민 환경 운동가)

자, 다짜고짜 던지는 질문입니다. 가장 권력이 센 사람을 하나 떠올려 볼까요? 저는 일론 머스크요! 개인적으로 결코 호감은 아니지만, 돈이 엄청 많으니까 권력도 엄청 셀 것 같아요. 그 비싸다는 우주선도 척척 만들고, '트위터'라는 큰 회사를 사 들여서 회사 이름도 마음대로 'X'로 바꾸고, 회사가 자기 것이라는 빌미로 트윗을 검열하는 규칙도 제멋대로 바꾸는 걸 보고 권력이 세다고 생각했어요.

여러분의 머릿속에도 가장 권력이 센 사람이 떠올랐나요? 모르긴 몰라도, 남부러울 것 없이 하고 싶은 것 다 하면서 살 것 같은 사람이겠죠? 자, 그렇다면, 그 권력이 센 사람 혼자서 기후 위기를 해결할 수 있을까요? 다른 사람들은 다 딴청 피우고 오로지 그 사람 혼자서 이리저리 애쓴다면 말이에요. 아뇨. 절대로 해결하지 못할 거예요. 우리가 제아무리 권력이 완전 센 사람이 되더라도, 급변하는 기후를 혼자서는 결코 붙들 수가 없어요.

여기서 이상한 희망이 피어올라요. 기후 위기는 정말 큰 문제지만, 정말로 크니만큼 한 사람 한 사람 모두가 함께 해결하는 것밖에는 방법이 없어요. "나는 아무런 힘도 없는 보통 사람인데!"라고 탄식하고 주저앉을 이유가 없어요. 바로 그 '힘도 없는 보통 사람들'이 하나씩 모여야만 환경이 망가지는 일을 멈출 수가 있으니까요.

제가 만약에 일론 머스크였어도, 아니면 지금처럼 그냥 어린 서민층 한국인 여자였어도, 어차피 한 사람으로서 할 수 있는 일은 고만고만해요. 그러니까 혼자서 해결할 수 없다고 시무룩해지기보다는, 그냥 모두 다 지금 있는 자리에서 할 수 있는 일을 하면 돼요.

"한 사람 한 사람의 손으로만 변화를 일궈 낼 수 있다"는 환경 운동가 위노나 라듀크(Winona LaDuke)의 말을 통해 다시금 깨달아요. 곱셈은 없어요. 1 곱하기 80억으로 단숨에 80억 명분을 해결할 수는 없어요. 꼬박꼬박 1에다 1을 더하고, 또 거기에 다시 1씩을 더해서 오로지 정직한 더하기로만 80억 명분의 해결책을 만들 수가 있어요. 그러니까 우리 한 사람 한 사람이 모두 쓸모가 있어요. 어느 누구도 빠져서는 안 돼요. 한 사람이라도 빠지면

80억이 만들어지지 않으니까요. 오로지 덧셈으로 80억을 채워야 하니까요.

재료는 가까이에서 찾아요. 내가 있는 자리를 둘러보면 힌트가 있어요. 음, 어디 보자, 저는 어떻느냐면요. 저는 대중교통을 주로 이용해요. 제가 자가용이 없는 만큼 매연이 조금이라도 줄어들었겠지 하는 마음으로요. 그리고 가급적 누군가 이미 입었던 중고 옷을 사요. 제가 새 옷을 안 사는 만큼은 공장에서 만드는 옷이 줄어들었겠지 하는 마음으로요. 또 배달 음식보다는 어쩐지 귀찮은 날이어도 웬만하면 직접 식당에 가서 먹어요. 제가 식당에 간 만큼 일회용품을 줄일 수 있지 않을까 생각하면서요.

이렇게 지금 제가 할 수 있는 일을 하면 1만큼을 해결하는 데에 보탤 수 있어요. 힘없는 보통 사람도, 일론 머스크도, 아니면 일론 머스크 할아버지가 온대도, 한 사람이 보탤 수 있는 몫은 어차피 1씩이에요. 그러니 우리가 맡은 '1만큼'을 하면 돼요.

반드시 힘센 정치인이 되어서 친환경 정책을 만들지 않아도 괜찮아요. 아직 어른이 아니라서 할 수 있는 일이 많지 않다고 선을 그을 필요도 없어요. 딱 1만큼의 몫. 그보다 더할 필요도 없고, 더할 수도 없어요. "아직은 힘이 없어서"라든가 "나중에 더 여유가 생기면"이라는 말은 핑계예요. 바로, 지금, 살아가는 자리에서 해야만 1이 채워져요. 여러분이 아무리 힘이 없더라도요.

고양이 세수는
꼼꼼한 세수였어

검은 고양이가 당신 앞을 지나간다는 것은
그 동물이 어딘가로 간다는 의미입니다.

그라우초 막스
(코미디언)

서양에서는 검은 고양이가 자신의 앞을 가로질러 가는 것은 불길한 징조라는 미신이 있습니다. 한국에도 아주 똑같지는 않지만 비슷한 미신들이 있죠. "검은 고양이는 재수 없다"처럼요. 고양이 말고 다른 동물들에게도 이런저런 토를 달기는 마찬가지입니다. 까치가 울면 반가운 손님이 온다는 뜻이고, 까마귀가 보이면 달갑지 않은 징조라고 합니다. 사실은 그냥 길을 지나갈 뿐인 고양이처럼, 그 까치도 그냥 울고 싶어서 울었을 것이고, 까마귀도 그냥 그곳에 있을 뿐이었을 텐데 말이죠. "곰처럼 미련하다"는 표현을 흔하게 쓰지만 곰이 정말로 미련한지는 잘 모르겠어요. 강물을 거슬러 오른다는 연어를 척척 사냥한다는 곰을 떠올리면 결코 그렇게 미련할 리 없을 것 같은걸요.

　그런가 하면 저는 '고양이 세수'를 종종 합니다. 아침에 일어나 별로 씻어 낼 거리가 없을 때는 얼굴에다 물만 몇 번 첨벙이면서 고양이 세수를 끝내죠. 한데 이 표현도 조금 생각해 볼 필요가 있다는 생각이 든 계기는 친구네 고양이를 잠시 돌보면서였어요. 짧은 기간이었지만, 저는 틈만 나면 고양이를 관찰했습니다. 잠드는 시간도 사람하고는 판이했고, 사람 눈에 별로 볼 것도 없어 보이는 곳을 고양이는 뚫어져라 쳐다보기도 했어요. 그리고 틈틈이 부지런히 몸단장을 했습니다. 같은 곳을 혀로 수도 없이 싹싹 핥았어요. 세수를 할 때는 손에다 침을 묻히고 역시나 몇 번씩 손으로 얼굴을 닦아 냈습니다. '이제 그만해도 되지 않나……?' 싶은데, 고양이 녀석은 닦은 곳을 닦고 또 닦았어요. 고양이 세수는 사실은 엄청나게 공을 들이는 세수였다는 걸 그때 알았습니다.

요즘 꿀을 만들어 내는 꿀벌의 수가 걱정스러울 정도로 줄어들고 있어요. 그래서 과학자들이 꿀벌 수를 늘리려고 애를 쓰고 있습니다. 멸종을 막으려는 행동은 분명 필요합니다만, 만약 사라지는 동물이 달콤한 꿀을 주는 꿀벌이 아니라 바퀴벌레나 모기였더라도 사람들은 신경을 썼을까요? 저부터도 자신이 없습니다. 왜냐하면 가을철만 되면 희한하게 우리 집 베란다를 타고 들어오는 노린재가 싫어서 방충망으로 문을 단단히 막아 뒀거든요. 만약에 그 노린재가 멸종 위기에 처한다고 상상해 보면……제가 꿀벌을 걱정하는 만큼 노린재를 걱정할지는 미지수입니다.

오히려 눈엣가시가 사라진다며 반가워할 수도 있을 것 같아 자신감이 쪼그라드네요.

어쩌면 우리는 다른 동물들을 보호하겠다고 나설 때조차도, 좋아하는 동물들만 편애하는지도 모릅니다. 안 좋아하거나 관심 없는 동물들에게는 어떤 일이 벌어지는지 모르고 지나칠지도요. 그렇지만 애초에 좋은 동물, 나쁜 동물, 게으른 동물, 약삭빠른 동물이 따로 정해져 있지 않습니다. 그냥 다 똑같은 동물일 뿐입니다. 그중에 어쩌다 사람들에게 호감을 사는 녀석들도 있지만, 어디까지나 우연일 뿐, 호감 가는 동물들의 목숨값이 더 높은 것은 아닙니다.

멋있는 비유는 아닙니다만, 수많은 동물들이 다 같이 모여 이루는 생태계가 양말 한 켤레라고 생각해 봅시다. 어디 한 군데 구멍이라도 나면 양말 전체를 못 신게 됩니다. 그렇게 구멍이 나는 자리는 검은 고양이의 자리일 수도, 아니면 까치나, 까마귀나, 꿀벌이나, 노린재의 자리일 수도 있어요. 사람의 자리가 구멍이 나지 말라는 법도 없죠(실제로 인간의 DNA를 분석해 보면 인간도 멸종 위기를 겪은 적이 있다고 합니다). 양말 그 어디에도 구멍이 뚫리지 않도록 골고루 살펴야 합니다. 더군다나 생태계라는 양말은 집에 쌓아둔 진짜 양말들과는 달리, 지구에 언제나 딱 하나뿐이니까요.

비눗방울 터뜨리기

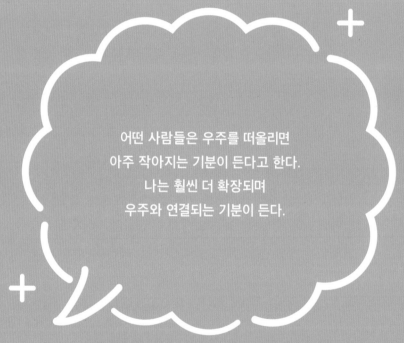

어떤 사람들은 우주를 떠올리면
아주 작아지는 기분이 든다고 한다.
나는 훨씬 더 확장되며
우주와 연결되는 기분이 든다.

메이 캐롤 제미슨
(전 NASA 우주 비행사)

영화 〈겨울왕국〉을 보신 적이 있나요? 1편이 개봉하고 여러 해가 흐른 지금도 영화 속 '엘사' 드레스를 입은 아이들이 종종 눈에 띌 만큼 여전히 인기를 누리고 있죠. 저는 다 큰 어른이지만 눈물을 줄줄 흘리면서 〈겨울왕국〉을 봤어요. 그리고 생각날 때마다 곱씹어 보며 영화 속 등장인물들의 근사한 점을 계속 새롭게 찾아 나가기도 해요. 이렇게 너무나 대중적인 영화를 좋아한다고 말하는 건 영 멋없어 보이는 일일지도 모르지만, 뭐 어때요. 저는 〈겨울왕국〉 시리즈를 진짜 진짜 좋아합니다.

영화 속 노래들도 재생 목록에 넣어 두고 힘이 필요할 때 꺼내서 들어요. 물론 'Let it go'도요. 노래에서 특히 좋아하는 부분들이 있는데요, 그 가운데 "재밌는 일이야. 멀리서 보면 어쩜 모두 다 작아 보인다는 게(It's funny how some distance makes everything seem small)"라는 가사가 좋아요.

그 가사를 들을 때면 비행기 창밖으로 보이는 풍경이 생각났어요. 우리 동네는 공항에서 그리 멀지 않거든요. 그래서 비행기가 막 하늘로 뜰 때나 착륙하기 직전에 동네가 보이기도 해요. 바로 근방에 그린벨트 때문에 넓은 논밭이 있고, 논밭이 끝나는 곳에 엄청나게 키가 큰 아파트가 있어서 멀리서도 알아보기가 쉽죠. 어디쯤이 우리 집일까 찾아보려고 할 때면, 평소에는 저를 품어 주고도 남는 널찍한 아파트가 그렇게 작아 보일 수가 없어요. 솔직히 작아 '보인다'고 말하기 곤란할 정도로, 거의 보이지조차 않는 수준이죠.

치열한 인생이 펼쳐지는 제 집이 이렇게 보이지도 않을 정도니, 그 안에 살고 있는 저는 얼마나 작은 존재일까 싶어요. 메이 캐롤 제미슨(Mae Carol Jemison) 같은 우주 비행사 눈에는 더더욱 작아 보이겠죠? 그렇게 제가 참으로 작다는 생각을 하면 두 가지 감정이 동시에 들어요. 참 작고 보잘것없다는 시무룩한 마음과 동시에, '나는 어차피 별것 아니니까 맘 편히 먹고, 하고 싶은 대로 살아도 되겠구나!' 또는 '하고 싶은 대로 살다가 설령 조금 망치거나 망가지더라도 대수롭지 않겠구나!' 하는 신나는 마음이 들죠.

엘사가 궁전을 지었던 얼음산처럼 높은 산에 올라갔을 때도 저 가사가 머릿속에 맴돌았어요. 사실 체험으로 올라간 산은 아니고, 거의 꼭대기까지 케이블카가 태워다 줬죠. 해발 2200미터까지 케이블카를 타고 올라갔어요. 그리고 케이블카 정류장에서 200미터쯤 더 위에 있는 산꼭대기로 등산을 시작했어요. 한데 이렇게 등산을 할 줄 전혀 모르고 올라왔기 때문에 아무런 장비도 없었죠. 가파르게 경사진 바닥에는 자잘한 돌멩이들이 깔려 있는데, 너무 폭신하고 미끄러운 제 운동화는 돌멩이를 밟을 때마다 주르륵 미끄러졌어요. 팔다리를 모두 써서 겨우 앞으로 나아갔죠.

제 발밑에 있었다가 밀려서 한참 아래로 데굴데굴 굴러가는 돌멩이를 보면서, '까딱하다 미끄러지기라도 하면 여기서 죽는 건 우스우리만치 쉬운 일이겠구나' 싶었어요. 그렇게 보니 제가 참 나약하다는 생각이 들었죠. 별것도 아닌 제가 '이렇게 하면 손해를 보지 않을까, 저렇게 하면 일을 그르치지 않을까' 애면글면하던 일까지도 깜찍하게 느껴질 정도였어요.

그래서 열심히 사는 것은 고귀한 일이지만, 뜻대로 풀리지 않는다고 해서 세상이 망하는 것도 아니겠구나 싶었죠. 작디작은 제 인생에서 무언가가 틀어졌다는 이유로 풀썩 망하기에는, 세상은 너무나 넓으니까요.

'나'라는 비눗방울 속 작은 우주에 갇혀 있다가, 비눗방울이

톡 터지면서, 더 넓은 '진짜 우주'로 퍼져 나가는 느낌이었어요. 물론 그렇게 산꼭대기 한번 다녀왔다고 갑자기 해탈의 경지에 이르지는 않았죠. 저는 여전히 작은 이득을 쟁취하고자 온 힘을 다하며 아등바등 살고 있어요. 대신 그 산 위에서 파리 목숨 같았던 저를 떠올리면서, 가끔씩 비눗방울을 터뜨려야겠다는 생각을 하죠. 톡, 톡, 톡.

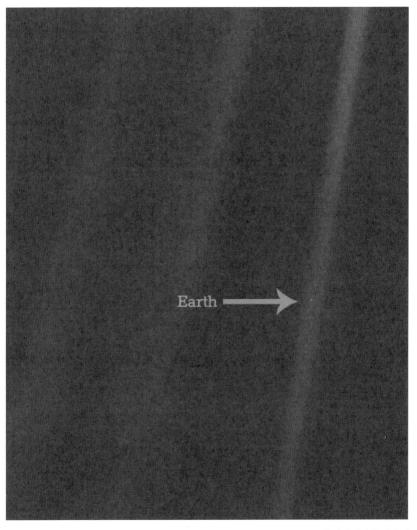

Earth ⟶

1990년 우주 탐사선 보이저 1호가 태양계를 떠날 때
약 60억 킬로미터(37억 마일) 거리에서 촬영한 지구의 모습이다.
이 사진에서 지구의 크기는 0.12화소에 불과하며,
마치 창백한 푸른 점(Pale Blue Dot)처럼 보인다.

· 6월 ·

기분이 내 하루를
지배하지 않게

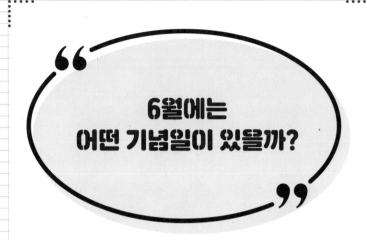

6월에는 어떤 기념일이 있을까?

6월 3일	6월 5일	6월 17일
세계 자전거의 날	세계 환경의 날	세계 사막화 방지의 날

○기후·환경과 관련한 또 다른 기념일을 찾아보고, 아래에 써 보아요.

○6월, 나만의 환경 기념일을 만들어요!
예) 친구 또는 가족과 '걷기 챌린지'의 날

함께 생각해 봅시다

·Q·

'환경 난민'이라는 말을 들어 본 적 있나요?
지구 온난화로 기상 변화가 극심하여
더는 머물 수 없게 된 삶의 터전을 떠나 다른 곳으로
이동하는 이들을 뜻한다고 해요. 내 일이 아닐 것이라고
그 누구도 방심할 수 없겠죠. 환경 난민을 다룬 사진,
보도 기사, 다큐멘터리 작품을 찾아보아요.

·Q·

세계적으로 많은 강과 호수가 말라 가고, 숲과 풀밭이 사라지는
사막화가 일어나고 있어요. 그 원인은 90퍼센트 가까이 인위적인,
즉 사람에 의한 것이라고 합니다. 어떠한 원인으로 인해서였는지
추측해 보고 이야기를 나눠 볼까요?

·Q·

자전거는 자연 친화적인 교통수단 중 하나입니다.
자전거 말고도 친환경 교통수단에는 무엇이 있을까요?

인간처럼 걷기

인간은 이제 새처럼 공중을 날 수 있고,
물고기처럼 바닷속을 수영할 수 있고,
두더지처럼 땅속에 굴을 팔 수 있게 되었습니다.
이제 인간이 지구 위를 인간처럼 걸을 수만 있다면,
지구는 낙원이 될 것입니다.

토미 더글러스
(캐나다 정치인)

지금 우리 집에는 자가용이 없어요. 제가 어린이였던 시절에는 있었죠. 그래서 가족 모두 자동차를 타고 매년 강원도로 놀러 다녔지만, 언젠가부터 차가 별로 필요하지 않아서 엄마아빠가 없애 버렸거든요. 자동차 없이 생활한 지도 5년은 족히 넘어갑니다.

차 없는 생활은 어떨까요? 가뿐합니다. 주차할 자리가 있을지 걱정하지 않아도 되고, 보험료를 내지 않아도 되고, 세차하는 데에 시간을 빼앗기지 않아도 되고, 어느 주유소의 기름값이 더 싼지 신경 쓰지 않아도 됩니다. 운전하느라 피곤한 일도 없습니다. 대중교통인 버스나 기차나 배에 몸을 싣기만 하면 되거든요. 정 차가 필요하면 빌려 쓰면 그만입니다.

차 없이 생활한 몇 년 동안 차를 빌린 적은 단 한 번이었어요. 그마저도 코로나 시국에 다른 사람과 접촉하지 않고 공항에서 집으로 이동해야 해서 빌렸던 것이죠. 그 밖에는 대중교통이나

나의 두 발이면 모두 해결할 수 있었습니다.

내 몸뚱이만 있으면 결국은 어디로든 갈 수 있다는 사실은 즐겁습니다. 그리고 제게 힘을 줘요. 일상에서는 물론이고 여행할 때에도 걸어 다니기를 좋아합니다. 마음대로 샛길로 빠지는 재미가 있거든요. 딴짓을 하기 가장 좋은 이동 수단이죠. 걸어 다니면 자유자재로 멈춰 서고, 사진을 찍고, 고양이를 구경하고, 아무 데로나 방향을 틀 수가 있습니다.

자동차가 못 들어가는 좁은 길도, 자전거로 오르내릴 수 없는 계단도, 제 발과 다리는 얼마든지 누빕니다. 캐나다의 정치가 토미 더글러스(Thomas Douglas)의 말처럼 '지구 위를 인간처럼 걸을 수' 있다는 것이 얼마나 좋은지요.

걷다 보면 뜬금없이 떠오르는 아이디어들도 반가워요. 생각이나 기분이 막다른 길목에 고여 있을 때면, 잠시 걸어서 머리를 맑게 만들 수 있습니다. 이렇게 뇌를 잠시 쉬어 주어야 오히려 뇌를 건강하게 잘 쓸 수 있다고 하더라고요. 마치 샤워를 하다가 엉뚱하게 전혀 다른 문제의 실마리나 해결책을 얻는 것도 똑같은 이치라고 해요. 이 책 군데군데에 담긴 얘기들도 걷는 도중에 머릿속에서 낚은 것들이 많답니다.

즐겨 걷다 보니, '걷기 좋은 곳인가?'로 '살기 좋은 곳인가?'

를 판가름하는 나름의 기준도 생겨났어요. 걷기 편한 곳일수록, 누구나 살기 좋은 곳일 가능성이 높거든요. 따지고 보면, 걷는 사람은 길 위에서 가장 약한 사람일 수도 있어요. 자동차나 오토바이나 자전거를 타고 다니는 사람과 비교한다면 말이죠.

걷는 사람이 쾌적하도록 배려한다는 것은 결국은 모두를 배려한다는 뜻입니다. 모두가 살기 좋다는 뜻이에요. 또, 낮이건 밤이건 안전하게 걸을 수 있다면, 치안도 좋다는 뜻이 되겠죠. 총을 든 강도가 수시로 출몰하는 외국의 어떤 나라 같은 곳에서는 '절대 길거리를 걸어 다니지 마라'가 안전 수칙이라는 사실을 떠올려 본다면 말이에요.

여러분이 사는 곳은 걷기 즐거운 곳인가요? 오늘 외출할 일이 있다면 한번 이 기준에 초점을 맞추고 둘러보세요. 사람이 걷기 편한 곳은 누구에게나 다정한 곳일 확률이 높으니까요. 산책 나온 강아지에게도, 휠체어를 탄 사람에게도, 유아차를 가지고 나온 사람에게도, 자전거를 끌고 나온 사람에게도, 하물며는 차를 가지고 나온 사람에게도요.

야식을
찾지 않는 밤

시간의 빈곤(또는 바쁨)은 소비를 부추기는
또 다른 요인이다. 매주 일하는 시간이 길어지고
더 바빠질수록, 우리는 생계를 이어 가게 하는
'간편' 제품을 더 많이 찾는다.
바로 먹을 수 있게 포장되고 가공된 식품을 더 많이 사고,
일하는 시간을 줄여 주는 도구를 쌓아 두고,
시간을 아끼려고 자동차나 비행기로 이동하고,
작동하지 않는 물건들은 곧바로
버리거나 교체한다.

『주4일 노동이 답이다』
(안나 쿠트 외 지음)

이제껏 직업이 제일 많았던 시절을 이야기해 볼까요. 한때 저는 네다섯 가지쯤 되는 직업을 돌아가며 도맡기도 했어요. 아침에 일어나면 회사원으로 출근을 했다가, 퇴근을 하고 나면 과외 선생님이 되어 수업을 하러 가고, 수업을 마치면 번역가가 되어 책을 번역하다가, 또 틈틈이 만화가로 만화를 그리고, 또 이제 막 만든 회사의 대표가 되어 인터넷 쇼핑몰에 팔 물건을 등록했죠.

이렇게 직업이 많은 사람을 'N잡러'라 부르며 세간에서는 때로 추앙하듯이 얘기하고는 하지만, 막상 실제로 그렇게 살아 보니 정말 못할 짓이었어요. 언제나 일을 해야 하니 가족들과 식사를 하는 시간조차 부담이었죠. 어쩌다 형광등 하나만 고장이 나도 생활이 금방 휘청거렸어요. 형광등을 새로 사서 갈아 끼울 시간을 따로 남겨 두지 않고 일했으니까요.

이렇게 직업이 N가지였던 시절에는 물건을 덥석덥석 샀어요. 첫째로는 스트레스를 많이 받으니 물건으로라도 보상을 받고 싶어 샀어요. 애초에 바쁘지 않고, 그래서 스트레스가 적었다면, 애써 살 이유가 없는 물건들이었죠. 둘째로는 시간이 없어서 물건을 많이 샀어요.

사실, 물건을 현명하게 들이려면 시간과 공이 제법 필요해요. 괜찮은 물건일지 이것저것 비교해 봐야 하고요, 혹시 이미 가진 것 중에 대체할 만한 것은 없을까도 살펴봐야겠죠. 물건을 사고 나서 오랫동안 쭉 관리하기에 무리가 없을지도 따져 봐야 하고요. 이렇게 숙고하며 여러 단계를 모두 통과해야지만 비로소 잘 살 수 있을 텐데, 저는 그렇게 생각할 시간이 없었어요. 일을 하느라 시간을 다 써 버렸는걸요. 지친 저를 당장 달래 줄 수 있어 보이는 물건이라면 생각 없이 사들였죠.

이때는 마트에서 파는 소스를 종류별로 냉장고에 쟁여 두었어요. 그리고 오븐에 집어넣기만 하면 금방 완성되는 냉동 감자튀김도 늘 냉동실에 구비해 두었어요. 컵라면은 절대 떨어지는 일이 없도록 골고루 채워 두었고요. 일을 하다 살짝 허기가 질 때면 비상약이라도 찾듯이 잽싸게 컵라면에 물을 부었죠. 일을 마치면 황급히 감자튀김을 데우고 마요네즈, 갈릭버터, 칠리소스를 종류별로 꺼내 담았어요. 짭짤하고 달착지근하고 자극적인 맛이 어우러지며 스트레스도 잠시 잊게 해 주었으니까요. 저는 제가 그런 맛을 '원래' 좋아하는 줄로만 알았어요.

　다행히 저의 N잡러 생활은 오래 이어지지 않았습니다. 회사는 1년 정도 다니다 나왔고, 비슷한 무렵에 인터넷 쇼핑몰도 쉬기로 결정을 했어요. 종일 집에 머무르며 번역을 하다가 수업 시간이 되면 과외를 하러 가는 간결한 일상으로 안착했습니다.

　그렇게 두어 달쯤 보내다 보니, 신기하게도 제가 더 이상 소스를 많이 찾지 않는다는 걸 깨달았어요. 다 먹은 컵라면 그릇을 분리배출함에 넣는 일도 드문드문해졌죠. 떡볶이나 라볶이도 덜 해 먹고요. 냉동실에 감자튀김이 없어도 불안하지 않았어요. 예전 입맛은 바쁜 하루하루가 끌어들였던 공범이었던 거죠.

　시간이 넉넉해질수록 덜 먹고도 만족스럽게 지낼 수가 있었어요. 느긋한 여행지에서는 배도 쉽게 불렀죠. 지난달에는 일본에 있는 작은 섬에 다녀왔어요. 숙소에서 15분은 걸어가야 편의점 하나가 나오는 시골 마을이었죠. 야식으로 뭐가 먹고 싶어질지 모르니 한번 간 김에 간식을 잔뜩 사 왔어요. 그렇지만 그날 밤은 야식을 까먹지 않아도 이미 배가 불렀어요. 하루 동안 한 일이라고는 바닷가를 구경하고, 동산에 올라 또 바다를 구경하고, 저녁때가 되어 식사를 한 게 전부였으니까요. 바쁘지 않았고, 그러니 제 에너지를 비워 낼 일도 없었고, 그래서 야식으로 저를 채울 필요도 없었던 거예요.

○ 7월 ○

지구도 우리를
버리지 않을 거야

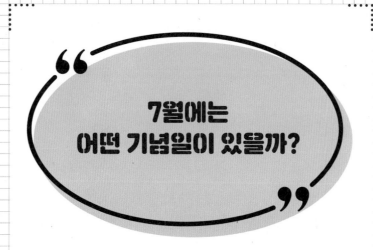

7월에는 어떤 기념일이 있을까?

7월 3일	7월 26일	7월 29일
국제 일회용 비닐봉지 없는 날	국제 맹그로브 생태계 보존의 날	국제 호랑이의 날

○기후·환경과 관련한 또 다른 기념일을 찾아보고, 아래에 써 보아요.

○7월, 나만의 환경 기념일을 만들어요!

예) 우리 동네 환경 탐정단의 날! 지역 사설 동물원이나 테마파크 조사하고,
동물들이 지내기 적합한 시설인지 살펴보기

함께 생각해 봅시다

.Q.

해양 생태계를 파괴하는 원인 1위가 무엇인지 아나요?
바로 일회용 비닐봉지입니다. 우리나라의 1인당 일회용 비닐봉지
연간 사용량은 [   ]장이며, 한 해 동안 전 세계 바다에 버려지는
플라스틱 쓰레기의 양은 대략 [   ]톤이라고 합니다.
네모 안에 들어갈 수치를 직접 찾아서 적어 볼까요?

.Q.

일회용 비닐봉지를 줄이려면 어떤 노력이 필요할까요?
직접 혹은 가족과 실천했던 경험이 있다면 들려주세요.
앞으로 해 나갈 수 있는 실천 리스트를 적어 봐도 좋겠습니다.

.Q.

맹그로브는 열대나 아열대의 갯벌이나 하구에 자라는
나무를 이르는 말이에요. 지금까지 맹그로브 숲은 [   ]퍼센트
이상 사라졌다고 합니다. 훼손된 숲을 복원하는 데는
최소 [   ]년 이상이 걸리고요. 이름이 조금 생소하기도 한
'맹그로브 숲'은 세계 어디에 있을까요?

요플레 뚜껑을
핥아 먹고 싶어

집에 가고 싶다.
그렇지만 집에 갈 수는 없다.
여기 학교 식당에 앉아 죽은 동물을 먹으면서
패션, 연예인, 화장품, 휴대폰 얘기를 나눠야만 하니까.
음식이 잔뜩 쌓인 접시를 받아들고는 맛이
완전 별로라고 투덜거리며 깨작거리다가, 죄다 쓰레기통에
버려야 한다. 자폐증이나, 거식증이나, 또는 무언가
문제가 있다고 여겨질 만한 기색을 내비쳐서는 안 된다.
표준과 다르다는 걸 드러내서는 안 된다.

그레타 툰베리
(환경 운동가)

새로운 학교에 갔던 때의 기분을 기억하시나요? 초등학교 때는 너무 어려서 기억이 나지 않지만, 그 뒤에 중학교, 고등학교, 대학교에 들어갔을 때의 생경함은 어렴풋이 떠오르고는 합니다. 상급 학교에 가게 되면 보통 '올라간다'고 표현하고는 하죠. 그렇게 한 계단을 올라설 때마다 마치 다시는 이전으로 돌아갈 수 없을 것만 같았습니다. 도망칠 만한 퇴로가 사라진 채, 생전 처음 보는 사람과 규칙으로 가득한 곳에서 앞으로 어떻게든 살아남아야 한다는 절박감이 느껴지고는 했어요. 저는 내향적인 사람이라 낯선 타인과 환경을 만나면 금세 긴장했거든요.

새로운 공간에서 살아남으려면 아무 데도 쓰여 있지 않지만 이 공간을 장악하고 있는 규칙을 재빨리 찾아내야 했습니다. 투명한 그물 같은 규칙 바깥으로 자칫 발을 헛디뎠다가는 먹잇감이 되어 버릴 수도 있었으니까요.

고등학교에 올라가고 얼마 지나지 않아 발견한 투명한 규칙은 바로 '요플레 뚜껑을 핥아 먹어서는 안 된다'였어요. 쭈쭈바는 '꼭다리' 부분을 빨아 먹는 것이 제일 맛있듯, 요플레는 뚜껑을 핥아 먹는 것이야말로 재미이자 묘미라고 여기는 사람들이 많지만, 제가 다니던 고등학교에서는 전혀 다른 규칙이 자리 잡고 있었습니다. '이걸 어기면 나는 이상한 애 취급을 받거나 왕따가 될 수도 있겠구나'를 직감했죠. 물론 사실 여부는 알 수 없습니다. 이 투명한 그물 바깥으로 나간 사람은 아무도 없었으니, 직접 확인해 볼 기회도 없었기 때문이에요.

아무튼 저는 급식에 요플레가 나오면 절대로 뚜껑을 핥아 먹지 않는 고등학생으로 지냈습니다. 제가 할 수 있는 최대한의 반항은 뚜껑에 붙은 요플레를 숟가락으로 삭삭 긁어 먹는 것이었죠. 아무리 긁어도 남아서 버려지는 요플레가 못내 아까웠습니다.

투명한 그물코는 이것만이 아니었습니다. 그 옆에는 '급식을 먹을 때는 주로 연예인 얘기를 나눈다'는 규칙이 있었어요. 타인의 신변잡기에 관심이 없던 제게는 이 역시도 난감한 규칙이었습니다. 아는 것이 없었으니 마땅히 할 얘기도 없었고요. 결국 급식을 먹는 시간은 더러 '의자에 앉아 요플레 뚜껑을 깨작거리면서 나오는 상관없는 사람들의 잡다한 근황을 듣는 시간'이 되고 말았습니다. 전혀 즐겁지 않았기 때문에 차라리 수업 시간이 낫다고 느꼈어요. 나중에 정말로 왕따를 당하게 되어 괴상한 급식 시간에서 해방(!)되었을 때에는 묘한 안도감마저 찾아왔습니다. 어쩌면 그레타 툰베리(Greta Thunberg)도 학교에 가서 저처럼 버거운 시간을 견디지 않았을까요?

여러 사람이 모여 있는 공간에는 비합리적인 규칙이 곧잘 생겨났습니다. 대학교에서 오리엔테이션이나 엠티에 갈 때면 당연하다는 듯이 일회용품이 생겨나는 것도 마찬가지였습니다. 이런 규칙이 생겨난 이유라고 댈 만한 것은 기껏해야 "그냥 다른 사람들이 그렇게 하니까" "항상 이렇게 해 왔으니까" 정도였죠.

반면에 이 규칙이 끼치는 피해는 뚜렷했습니다. 생기지 않을 수도 있는 음식물 쓰레기나 일회용품 쓰레기가 생겨났으니까요. 그렇지만 여러 사람이 꽉 붙들고 있는 그물이었기 때문에 누구 한 사람이 반대하기는 쉽지 않았습니다. 저 역시 속으로만 찝찝해할 뿐, "쓸데없이 쓰레기를 만드는 건 낭비잖아" 같은 말은 꺼내 보지도 못했죠.

그렇지만 투명하고 비합리적인 그물을 조각조각 잘라 내어 버린 다음, 전혀 다른 그물을 만들어 낸 사람들도 있었습니다. 라틴 아메리카 문학 작품을 읽고 이야기를 나누는 모임에서였어요.

모임 첫날, 모임장께서 땅땅 선언을 했습니다. 모임에서 나눠 먹을 간식을 준비할 때에 지켜야 하는 규칙을 얘기해 주셨어요. 첫째, 과자처럼 공장에서 가공해 만든 음식보다는 과일이나 떡 처럼 자연 상태에 더 가까운 음식을 고를 것. 둘째, 개별 포장된 음식은 가져오지 말 것. 한꺼번에 담아 와서 모임 자리에서 나눠 먹을 것. 셋째, 일회용품을 쓰지 말고 다회용 접시와 식기를 사용한 뒤 설거지할 것(모임 장소에 부엌이 딸려 있었거든요).

이 규칙을 지키려면 몸은 조금 부지런해져야 했지만 마음은 편했습니다. 공연히 음식물 쓰레기나 일회용품 쓰레기가 생기지 않았으니까요. 불필요한 첨가물이 들어가지 않고, 만들 때에도 환경을 덜 오염시킨 간식을 먹으니 속도 편했습니다.

물론 고작 딱 한 번의 경험 이후로 모든 그물을 마음대로 부수고 다니는 슈퍼 히어로 영화 같은 일은 펼쳐지지 않았습니다. 그래도 이상한 그물을 벗어나 보는 경험을 한 덕분에, 저는 그 뒤로 마주치는 부당한 그물을 혹시 바꿔 낼 수는 없을지, 한 번이라도 따져 보게 되었어요. 쉽지는 않더라도 가능하다는 걸 배웠으니까요.

이제 제 앞에 요플레 통이 놓이면 저는 예전과 다른 선택을 할 수 있을 거예요. 지금쯤이면 그레타도 '표준'이라는 그물 앞에서 얼마든지 다른 행동을 하지 않을까요? "다들 타고 다니는" 비행

기를 거부하고, 화석 연료를 쓰지 않는 배로 영국에서 뉴욕까지

간 그레타니까요.

당신 근처의
보물 상자

우리는 어른들이 쓰다 버린 것 같은
지구에서 살아야 합니다.
석탄발전소 당장 그만두세요.
우리가 살 지구에서 손 떼세요.

삼척의 어린이 기후 활동가

2022년, 탈석탄법 제정을 요구하는 어린이 기후 활동가 중 한 명이 국회 의사당 앞에서 남긴 "쓰다 버린 것 같은 지구"라는 말은 '아이쿠!' 싶을 만큼 직설적입니다. 그리고 사실이에요. 우리는 정말 많은 물건들을 쓰다 버립니다. 이제는 하다하다 지구마저도 버릴 작정이죠. 달이나 화성에서도 사람이 살 수 있지 않을까 하는 (제가 보기엔) 헛된 꿈을 꾸면서 말이에요.

그러다 달에도 화성에도 기후 위기가 닥치면, 달도 화성도 또 버릴 생각인 걸까요? 대충 쓰다가 버리겠다는 심보가 그대로라면 우주 어디로 도망을 친들 똑같습니다. 그러니 무엇이든 버릴 게 아니라 계속 귀하게 쓸 궁리를 해 보아야겠죠. 그러니 제가 중고 물건 예찬론을 한번 펼쳐 볼까 합니다.

여러분은 새로 만든 물건 말고, 이미 누군가 사용하던 중고 물건을 써 본 적이 있나요? 지금은 중고 거래 앱이 생겨서 많이 흔해졌을 것도 같아요. 제가 처음 구해 본 중고 물건은 서울의 안국역에 있는 중고 물품점 '아름다운 가게'에서 샀던 에메랄드색 티셔츠와 초록색 치마였습니다. 막 대학생이 되어 이런 옷도 입어보고 싶고, 저런 옷도 입어 보고 싶던 제게 좋은 실험실이었어요. 다른 곳에서는 안 보이는 재밌는 옷들이 심지어 싼값에 팔리고 있었으니까요. 이렇게 처음에는 값이 싸서 중고 물건을 좋아했어요. 각각 2000원과 4000원을 주고 산 티셔츠와 치마는 제값을 하고도 남을 정도로 신나게 자주 입었습니다.

그러다 점점 다양한 중고 물건으로 발을 넓히면서 다른 매력에도 빠져들었죠. 컵, 접시, 쟁반, 꽃병, 바구니, 탁자. 도저히 헤어 나올 수 없는 보물찾기였어요. 요즘에는 찾아볼 수 없는 멋진 디자인들도 좋았고요, 특히 옷은 옛날에 만든 것이 재질이 훨씬 튼튼하고 좋았어요. 마치 지금은 살아 있지 않은 훌륭한 생물의 화석이 손에 들어오는 것 같았어요.

그리고 이제껏 어떤 사람들의 손을 거쳐 왔는지는 몰라도, 제게 올 때까지 근사한 맵시를 잘 유지하고 있는 걸 보면 많이 사랑받았으리라는 걸 알 수 있었죠. 공장에서 바삐 찍어 내는 새 물건에겐 없는 장점들이었어요. 어떨 때는 옷과 장신구를 갖춰 입고 집을 나서려다 보면, 머리끝부터 발끝까지 중고로 구한 물건인 경우도 부지기수였어요. 속옷만 빼고요.

처음 옷을 샀던 때부터 10년이 지나서도 저는 계속 '아름다운 가게'를 들락거렸어요. 언젠가는 서울역 근처에 있는 '아름다운 가게'에서 접시를 구경하고 있는데, 계산대에서 한담을 나누던 자원봉사 학생이 옆에 있던 동료에게 묻더라고요.

"근데 돈이 많은 사람들도 여기에 올까요?"

어쩌다 귀에 흘러들어 온 그 말에 속으로 키득키득 웃었어요. 그 무렵 저는 마침 스스로 돈이 많아졌다고 우쭐하고 있었거든요(물론 이건 어디까지나 혼자만의 생각이에요). 그리고 저는 여전히 '아름다운 가게'를 참새 방앗간 들르듯 드나들었고요. 그래서 저는 확신했죠. 돈이 많은 사람들도 중고 물건을 사러 올 거라고요. 꼭 제가 아니라 다른 사람들도 얼마든지요. 이렇게 재밌는 보물찾기를 왜 마다하겠어요?

마침 언젠가 주워들었던 부자 할머니 이야기도 들려드릴게요. 형편이 넉넉해서 하나도 어려울 것 없이 살던 할머니 한 분이 세상을 뜨셨대요. 그분이 돌아가시고 남은 물건들을 정리하다 보니, 쓰고 남은 끈이 잔뜩 모인 상자가 나왔다고 해요. 할머니는 평소에 자투리 끈을 모아 두시는 걸 좋아하셨대요. 그래서 남은 사람들은 아마 할머니는 천국에 가서도 끈을 줍고 다니실 거라며 웃었다고 했죠.

저도 이 얘기를 듣고 생각해 보았어요. 제가 세상을 떴을 때 뒤에 남을 소지품이 어떨지를요. 수납장에다 꿍쳐 둔 자투리 리본, 선물을 받고 나서도 잘 보관해 둔 깨끗한 포장지, 아직 몇 번은 더 쓸 수 있는 택배 상자 같은 게 잔뜩 나오겠구나 생각하니 우스웠어요. 이 습관은 언제고 여전할 거예요. 제가 가난하든 부자가 되든 말이에요.

한번 생겨난 예쁜 물건을 릴레이 달리기하듯 서로에게 바통처럼 넘겨준다면, 낡은 물건은 차츰 보물이 되어 갈 거예요. 우리가 물건을 버리지 않고 계속 아껴 주어야, 지구도 안 버릴 수 있을 거라 믿어요. 지구도 우리를 버리지 않을 거고요.

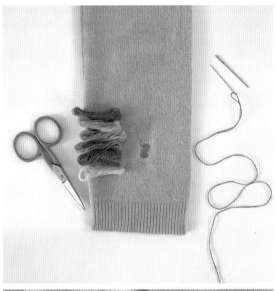

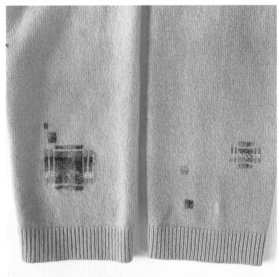

구멍 난 옷을 튼튼하면서도 아름답게 수선하는 방법이 많다.
예쁘게 구멍을 메운 옷가지는 공장에서 막 찍어 낸 옷과는 다른,
단 하나뿐인 보물로 거듭난다.

악어샌들은
부끄러운 게 아니었어

제가 물어봤어요.
"이 나무 중에 얼마큼을 쓰는 건가요?"
그랬더니 겨우 35퍼센트를 쓴다고 하더라고요.
나머지는 버리는 거예요!
말 그대로 나머지는 태워서 재로 만드는 거죠. 낭비잖아요.
그러니, 진심으로 말씀드리는데, 낭비하지 마세요.
존중하세요. 그리고 감사하세요.

왕가리 마타이
(2004년 노벨 평화상 수상자)

우리 집에서 제 별명은 '화정동 악어샌들'이에요. 화정동은 제가 사는 동네 이름이고, 악어샌들은 제가 신는 샌들의 애칭이죠. 물론 악어샌들이 처음부터 악어샌들이었던 건 아니었어요. 그 친구도 가게에서 저를 처음 만났을 때는 여느 샌들과 다를 바 없는 평범한 샌들이었죠. 그러다 우리가 함께 보내는 시간이 1년, 2년, 지나다 보니 어느새 악어샌들이 되어 있었어요. 샌들 밑창 앞쪽이 가로로 반으로 갈라져 악어 입처럼 쩍 벌어졌거든요.

발걸음을 떼려고 발을 들어 올리면 밑창 아래쪽이 악어 입처럼 뚝 아래로 떨어졌죠. 그렇게 악어 입처럼 쩍, 쩍, 벌어지는 샌들을 신고 저는 처벅처벅 잘도 돌아다녔어요. 밑창이 갈라지기는 했지만, 제 발바닥도 발등도 발가락도 여전히 안전하게 잘 지켜 줬으니까요.

그렇지만 악어샌들의 존재를 아는 건 오로지 우리 가족뿐이었어요. 남들에게 알리기는 영 부끄럽잖아요. 다행히 세상 사람들은 다른 사람의 신발을 유심히 들여다보며 살지 않으니까, 저는 악어샌들이 입을 벌리지 않는 척, 아주 멀쩡한 척 뻔뻔하게 감추고 다녔죠. 살짝만 발을 들어 올려도 쩍! 쩍! 하며 입을 여는 그 친구를 어떻게 감췄느냐면, 활짝 벌어지는 주둥이를 고무줄로 묶었어요.

고무줄도 그냥 고무줄을 쓰지 않았죠. 코로나19 시기에 마스크를 쓰고 잔뜩 생겨난 마스크 고무줄을 차곡차곡 모아 뒀었거든요. 그 고무줄을 재사용해서 악어샌들의 입을 동여맸죠. 검은 샌들 위에 때로는 하얀색 고무줄을 질끈, 그러다 하얀색 고무줄의 수명이 다하면 분홍색 고무줄을 질끈, 묶었어요. 고무줄 색때문에 악어샌들이 들키려나? 싶었지만 '에라 모르겠다. 그러든가 말든가' 하는 마음으로 다녔죠.

그러다 악어샌들의 정체를 딱 한 번 제대로 들켰어요. 악어를 알아본 건 제 친구였어요. 같이 바닷가로 놀러가서 모래사장을 걸어 다니다 눈에 띄었던 모양이에요. 어쩌면 그날따라 모래 때문에 악어가 입을 더 쩍! 쩍! 거렸을지도 모르죠. "한라, 그거 샌들 벌어져서 고무줄로 묶어 둔 거야?" 하고 물어보더라고요. 자, 심판의 순간이었어요. 구질구질하다면 참으로 구질구질한, 궁상맞다면 참으로 궁상맞은, 이 고무줄 변장 악어샌들을 친구가 과연 어떻게 평할까요?

솔직히 자신은 없었어요. 멀쩡한 신발도 질리면 휙 버리는 세상인 마당에, 딱히 비싸지도 귀하지도 않은 샌들 주둥이를 여미고 다녔으니까요. 어차피 좋은 소리를 듣지 못할 것이라고 마음을 비우고, "맞아" 하고 시인했죠. 그랬더니 친구는 별로 말을 꾸미려고 고민하는 기색조차 없이 "잘 여몄네! 이 고무줄은 혹시 한라가 항상 모아 두는 그 마스크 고무줄이야?" 하고 해사하게 물어봤어요.

뜻하지 않았던 살가운 반응에 오히려 제가 어안이 벙벙해졌어요. 친구는 샌들 밑창이 벌어지는 건 참으로 비일비재하다고도 얘기했고, 모아 둔 고무줄을 야무지게도 쓴다며 오히려 저를 기특하게 여겼어요.

악어샌들도 고무줄도 웃음거리로 여기지 않은 친구 덕분에 저는 힘을 얻었죠. 언젠가 다른 누구에게 악어샌들을 들키면 부끄러울 것 같았는데, 그래서 걱정했는데, 진짜로 들통나고 말았지만 부끄러운 일이라 말하지 않으니 우리 둘 사이에서는 정말로 부끄럽지 않은 일이 되었어요.

악어샌들을 부끄럽게 여기지 않았던 친구 덕분에 그 뒤로도 저는 몇 번이고 새로운 별명을 얻었어요. '보베츠 구멍 난 양말'이 되기도 했고, '시즈오카 구멍 난 운동화'가 되기도 했죠. '구멍

난 운동화' 시절에는 정말로 운동화 바닥 한가운데에 구멍이 뚫렸어요! 그래서 그 운동화를 신고 눈밭을 지나가면 차가운 눈이 들어와서 발바닥이 싸해졌죠. 애초에 중고 가게에서 샀던, 앞선 주인이 있었던 신발이라 바닥이 더 닳아 있었던 모양이에요.

그래서 어쩌면 환경을 보호하는 일의 가장 큰 적은 '부끄러움'이라는 생각이 들어요. 매연을 내뿜는 공장이 아니라, 탄소를 배출하는 에어컨이나 승용차가 아니라 말이죠. 우리 마음속에 도사리고 있다가, 기껏 자원을 아끼려는 좋은 마음이 피어오르면 앙칼지게 깨물고 갉아 먹는 부끄러움요. 물건을 아끼는 일은, 아프리카 여성 최초 노벨 평화상 수상자 왕가리 마타이(Wangari Maathai)의 말처럼, 자원을 존중하고 감사하게 여기는 멋진 마음이잖아요.

이런 멋진 마음을 궁상맞다고 부끄러워하는 것은 영 이상한 일이라고 생각해요. 맞는 마음, 틀린 마음을 가를 수는 없겠지만, 멋진 생각을 품고 멋진 행동을 하는 데 부끄러운 마음이 찾아오는 건 아무래도 안 어울리지 않아요?

그러니까 무언가를 아끼려고 할 때, 이를테면 테이프 자국이 덕지덕지 남아 있는 꾀죄죄한 (그렇지만 물건을 담기에는 멀쩡한) 택배 박스를 재사용하려고 할 때, 마트에서 남들은 죄다 일회용 비닐봉지를 쓰는데 나 혼자서만 '괜히 튀게' 재사용 파우치를 꺼낼 때, 음식을 포장할 때 '나만 유난스럽게' 다회용기를 들고 간 것 같을 때. 그럴 때 부끄러워서 망설여진다면, 그 부끄러움의 정체를 가까이 자세히 들여다보세요. 그 부끄러운 마음은 사실 우리가 품고 있는 자연을 존중하는 마음, 자원을 감사하게 쓰는 마음일지도 몰라요.

악어샌들이 아닌 척 변장한 악어샌들처럼, 부끄러움도 사실은 존중하는 마음과 감사하는 마음이 변장하고 있는 모습일지도 몰라요. 부끄럽다고 하기보다는 멋지고 떳떳하게 여겨 줘야 할 마음일지도요.

· 8월 ·

다른 선택도 필요해

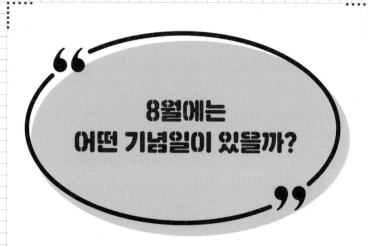

8월에는 어떤 기념일이 있을까?

8월 8일	8월 12일	8월 22일
국제 고양이의 날	세계 코끼리의 날	에너지의 날 (한국)

○ 기후·환경과 관련한 또 다른 기념일을 찾아보고, 아래에 써 보아요.

○ 8월, 나만의 환경 기념일을 만들어요!

예) 내가 만난 동물 기록의 날

함께 생각해 봅시다

.Q.

'국제 고양이의 날'은 국제동물복지기금(IFAW)이 2002년, 고양이 인식을
개선하고자 제정했어요. 뿐만 아니라 미국, 일본, 러시아 등
나라마다 고양의 날을 따로 지정하기도 한다는데, 같이 알아볼까요?

.Q.

"코끼리 아저씨는 코가 손이래~" 하고 시작하는 익숙한 동요가 있지만
실상 코끼리는 안타깝게도 위기에 처한 동물이에요.
서식지 파괴와 밀렵, 동물원과 서커스 등의 학대로 생존 위험에
늘 놓여 있습니다. 아시아 코끼리는 '멸종' 등급으로 분류되었고요.
동요 속 존재로만 남지 않도록, 우리가 코끼리를 구할 방법이 없을까요?

.Q.

현재 전 세계의 중요한 과학 이슈는 '온실가스 배출'을
줄이기 위한 대책입니다. 유럽은 2030년 탄소 감축 목표를
1990년 대비 40퍼센트에서 55퍼센트로 상향한다는
핏포55(Fit for 55) 정책을 발표했어요. 우리나라 또한
탄소중립 실현을 위한 대책 마련이 활발히 이루어지는 중입니다.
뉴스 기사를 검색해 우리나라 지역별 준비 방안을 찾아볼까요?

해도 부담도
끼치지 않는 여행법

2009년 철학자 알랭 드 보통은
'집에서 즐기는 휴가'를 개발했다.
이 키트 안에는 '일등석으로 비행하세요.
벽에서 50센티미터쯤 떨어진 자리에
안락의자를 가져다 놓으세요.
텔레비전을 가까이에 놓으세요.
그 자리가 5000파운드짜리라고 상상하세요'라는
안내 문구가 들어 있다.
정곡을 찌르는 풍자다.

『지속가능한 여행을 하고 있습니다』
(홀리 터펜 지음)

코로나바이러스가 퍼지기 전에는 비행기를 타고 해외로 떠나는 여행이 대단히 특별한 일이라 생각해 보지 못했어요. 저가 항공사가 많아진 요즘은 해외여행을 다녀오지 않은 사람을 찾는 일이 더 어려울 정도로 흔한 여가 생활처럼 자리 잡았으니까요. 각종 매체로 여행지의 모습을 흔히 보다 보니 심리적 거리도 가까워졌고요. 해외여행을 소재로 삼는 프로그램도 많아졌거니와, 유튜브에도 여행 영상은 수두룩하게 올라오죠.

그러다 코로나바이러스 봉쇄 조치로 발이 묶이고 나니, 해외여행을 하려면 사실은 제법 많은 조건을 갖춰야 한다는 걸 곱씹게 되었어요. 국경을 넘지 못하게 막는 전염병이나 전쟁 같은 게 없어야 하겠죠. 여행하는 동안 쓸 시간과 돈도 충분해야 할 테고요.

언젠가 부산으로 여행을 갔을 때 그곳에 오래 사신 식당 사장님과 이야기를 나눈 적이 있어요. 그날 저는 승학산이라는 산에 다녀온 참이었습니다. '당연히' 식당 사장님께서도 가 보셨을 거라고 생각했죠. 그러자 사장님은 산 이름을 처음 들어 본다고 하셨습니다. 부산에 오래 사셨어도 가 본 적은 없다고 하셨어요.

그럴 만도 했어요. 사장님은 매일 식당을 여시는 데다, 댁에 돌아가면 돌봐야 할 아픈 남편도 있었습니다. 잠깐 산에 다녀올 시간도 없었고, 애초에 어딜 놀러 간다는 생각을 떠올리기도 여의치 않았어요. 그러니 생계를 챙기면서 여행에 쓸 수 있는 시간과 돈을 확보하기란 쉬운 일이 결코 아닌 거예요.

그런가 하면, 나 혼자서 시간과 돈을 모은다고 해결할 수 없는 조건도 있습니다. 바로 비행기가 뜨려면 화석 연료가 많이 필요하다는 사실이죠. 화석 연료를 많이 삼키는 만큼, 뱉어 내는 탄소도 어마어마합니다. 기차와 비교한다면 비행기가 배출하는 탄소량이 77배가 더 많다고 해요. 그리고 모두가 알다시피 화석 연료는 점점 줄어들고 있고, 인간이 배출하는 탄소가 이미 너무나 많기 때문에, 비행기를 타고 여행을 떠나는 일은 신중해야 합니다.

지금까지 써먹던 여행법을 계속 따르기 어렵다면 새로운 방법을 찾아 나서야 할 때입니다. 작가 알랭 드 보통이 떠올린 '집에서 즐기는 휴가'도 새로운 여행법이 될 수 있겠죠. 시간과 돈이 충분치 않더라도 써먹을 수 있고, 또 화석 연료를 잔뜩 써 가며 탄소를 내뱉지 않는 무해한 여행법이니까요. 저는 어땠느냐면요, 코로나로 하늘길이

막혔을 시절에 방구석에서 '먹어서 세계 여행'을 즐겨 떠나고는 했어요. 방법은 간단했습니다. 낯선 나라 음식의 요리법을 인터넷으로 찾아보고, 설령 전혀 먹어 본 적 없는 음식이라도 도전하는 거죠. 그다음 요리법을 보면서 상상력과 애정을 총동원해 만들어 보고, 유튜브에서 그 나라의 음악을 찾아 틀어 두고 음식을 먹는 것입니다.

다른 나라로 여행을 떠나면 매일 두세 번씩 꼬박꼬박 하는 행동이 바로 음식을 먹는 일이니까요. 이국의 음식을 먹는 순간만큼은 그 나라에 가 있는 것과 별반 다르지 않다고 생각했습니다.

익숙한 곳에서 낯선 여행 기분을 맛보는 방법은 줄줄이 매달린 고구마처럼 캐면 캘수록 자꾸 딸려 나왔습니다. 친구 집에서 파자마 파티를 궁리하기만 해도 쉬이 마음이 들뜨죠. 동네에서 한 번도 가본 적 없는 길로 향해 보아도 모험심이 많이 생깁니다.

평소에 침대 생활을 해 왔다면, 바닥에 이불을 깔고 자며 '여름방학에 시골 친척집에 놀러 온 것 같은 기분'을 내는 것도 색다른 재미예요. 제가 여름이 가까워질수록 즐겨 써먹는 방법이랍니다. 점차 이부자리 주변에 만화책, 봉지 과자, 수박 등등을 구비해 가며 방법을 업그레이드해 보기도 해요.

이렇게 언제든 알사탕처럼 꺼내 써먹을 수 있는 무해한 여행법을 차곡차곡 쌓아 두면 든든합니다. 마음만 먹으면 아무 때라도 여행할 수 있는 자유로운 사람이 되어 간다는 뜻이니까요.

꼴찌로
찾아온 손님

살아남는 동물들이 인간에게 도움이 되거나
즐거움을 주는지는 중요치 않습니다. 동물들은 아무튼
살아갈 겁니다. 심지어는 당신들이 역겨워하는 곤충도,
징그러운 바다 생물도, 시궁창의 설치류도,
쓰레기장에 사는 갈매기도, 인간이 먹을 수 없는 파충류도요.
당신들 인간이 보기에는 혐오스러운 모든 생물종이
살아갈 겁니다. 우리가 살아가도록 허락해 달라고
당신들에게 부탁한 적 없습니다. 어제도 오늘도 우리는
당신들에게 부탁할 생각이 없습니다.
우리는 당신들 허락이 필요하지 않아요.

『동물들의 위대한 법정』
(장 뤽 포르케 지음)

가상의 법정에 선 거미가 인간을 향해 던지는 말입니다. 이 말을 듣고 인간인 저는 그만 뜨끔하고 말았습니다. 곤충을 징그러워하는 사람을 꼽는다면 저는 전 세계적으로 상위권에 들어갈 거거든요.

다 큰 어른이 된 지금도 집에 벌레가 들어오면 혼자 처치할 수가 없어 엄마나 아빠를 호출합니다. 그러면 엄마는 부지런히 마을버스를, 아빠는 열심히 자전거를 타고 와서 벌레를 잡아 보내 주죠. (대개는 사로잡은 다음 창밖으로 방생하는 게 원칙입니다만, 가끔 운이 나쁠 때는 하는 수 없이 죽이기도 합니다.) 그렇게 한바탕 소동이 정리되고 나면 아빠는 꼭 입버릇처럼 제게 말합니다.

"인마, 벌레가 너를 더 무서워하겠다!"

하긴, 맞는 말이죠. 무서움을 가라앉히고 머리에 힘을 줘서 생각해 보면 아빠 말이 일리가 있습니다. 제가 벌레보다 몸집도 훨씬 크고요. (제겐 다행스러운 일이지 뭐예요. 벌레가 저보다 컸다면……
지구에서 사는 걸 포기해야 했을지도 몰라요.) 결국 벌레를 내쫓거나
죽이는 것도 저예요. 그러니 곤충 입장에서는 기가 차겠죠. 더구
나 순서를 따진다면 불청객은 곤충이 아니라 저입니다. 한참 전
부터 곤충이 살고 있던 지구에 인간이 뒤늦게 등장해서는 징그
럽네, 해롭네, 하며 못 잡아먹어 안달인 거니까요.

곤충이 지구에 처음 등장한 때가 대강 4억 년 전쯤이라고 합
니다. 인간은 언제 나타났을까요? 300만 년 전쯤이라고 합니다.
그러니 곤충들은 인간을 보며 "3억 9700만 년이나 어린 녀석
이!" 하며 혀를 찰지도 몰라요.

인간은 꼴찌나 다름없습니다. 그런데 툭하면 주인 행세를 합
니다. 다른 동물들을 손가락질하며 쓸모가 있다느니 없다느니,
보기 좋다느니 흉하다느니, 갖은 품평을 늘어놓습니다. 우리는
주인이 아니라 손님입니다. 그것도 맨 마지막에야 찾아온 손님
이죠. 먼저 와서 놀고 있던 다른 손님들에게 이래라저래라 할 입
장이 아닙니다. 친구 집에 손님으로 찾아가면 예의 바르게 행동
하듯, 다른 생물 손님들에게도 예의를 지켜야 합니다.

그래서 제가 곤충을 무서워하는 마음이 뒤바뀌지는 않았습니
다만…… 왜냐하면 오늘도 길을 걷다 부숭부숭한 송충이를 발

견하고는 움찔 튀어 올랐거든요. 그렇지만 적어도 '꼴찌 손님'으로서 겸손한 마음을 먹게는 되었어요. 전에는 '아니, 사람 사는 곳에 벌레가 왜 들어와?'라고 생각했다면, 이제는 '뭐, 사람이 집을 짓기 전에는 원래 벌레가 살던 곳이었지'라고 생각하면서요. 이런 마음가짐이 실험에 쓰이는 동물, 평생 좁은 우리에 갇혀 알만 낳는 동물, 병들거나 질렸다는 이유로 버려지는 동물을 줄이는 시작점이 아닐까요?

· 9월 ·
있는 그대로
내버려 둔다면

9월에는 어떤 기념일이 있을까?

9월 6일	9월 16일	9월 29일
자원 순환의 날 (한국)	**국제 오존층 보호의 날**	**음식물 쓰레기의 날** (덴마크)

○기후·환경과 관련한 또 다른 기념일을 찾아보고, 아래에 써 보아요.

~~~~~~

~~~~~~

~~~~~~

○9월, 나만의 환경 기념일을 만들어요!
예) 반찬 남기지 않는 날(음식 투정 안 하기)

~~~~~~

~~~~~~

~~~~~~

함께 생각해 봅시다

·Q·

환경부와 한국폐기물협회는 매년 9월 6일을 '자원 순환의 날'로 제정했어요.

지구 환경 보호와 자원 재활용의 중요성을 알리기 위함입니다.

상징 마크를 검색한 뒤 이곳에 그려 볼까요?

·Q·

오존층과 자외선은 떼려야 뗄 수 없는 사이입니다.

해로운 자외선으로부터 지구를 보호해 주는 역할을 하는 곳이

바로 오존층이거든요. 하지만 이렇게 중요한 오존층이

점점 파괴되고 있습니다. 그 까닭이 무엇일까요?

·Q·

덴마크는 1인당 쓰레기 배출량이 유럽연합 평균을 웃돌자

9월 29일을 음식물 쓰레기의 날로 제정하고 음식 낭비를 막기 위한

노력을 하고 있다고 해요. 여러분도 평소, 식사량보다

더 많은 음식을 욕심내다가 남긴 적이 있나요?

음식물 쓰레기를 줄일 수 있는 방법을 같이 이야기해 볼까요?

24억 년짜리
유산

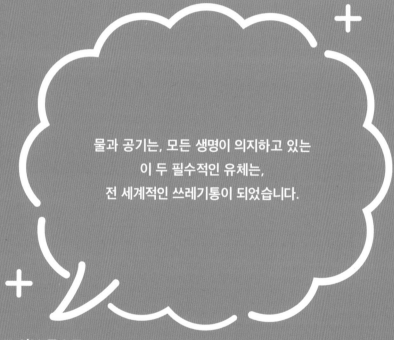

물과 공기는, 모든 생명이 의지하고 있는
이 두 필수적인 유체는,
전 세계적인 쓰레기통이 되었습니다.

자크 이브 쿠스토
(해양 탐험가)

수영장에서 자유형을 처음 배울 때, 팔을 한 번 저을 때마다 한 번 고개를 들고 숨을 쉬었어요. 팔운동 한 번에 숨 한 번. 그러다 단계가 올라가자 선생님은 숨 쉬는 간격을 점점 길게 했습니다. 팔운동 세 번에 숨 한 번, 그러다 나중에는 팔운동 일곱 번에 숨 한 번. 숨을 참아야 하는 간격이 길어지면 갑갑했어요. 그래서 일곱 번 숨을 참고 여덟 번째에 숨을 쉬라는 선생님의 말을 못 들은 척, 한 번 숨을 참고 두 번째에 숨을 들이마셨습니다.

굳이 물속에 들어가지 않는 이상, 평소에 공기를 의식할 일은 잘 없죠. 공기가 없는 곳에 가서야 사실은 우리 주변에 공기가 있었다는 사실을 깨닫습니다. 참았다가 쉬는 숨은 달아요. 유독 공기가 깨끗한 숲에 가도 숨이 상쾌합니다. 산뜻한 공기가 폐 곳곳으로 흘러들어 가고, 다시 온몸의 세포 하나하나로 전달됩니다.

이 폐가 생겨나기까지, 또 지구 위에 산소가 만들어지기까지,

많은 물질과 시간이 힘을 보탰어요. 지구의 대기에 처음 산소가 쌓이기 시작한 게 24억 년쯤 전이라고 합니다. 물에 살던 박테리아가 광합성을 해서 산소를 잔뜩 만들어 내기 시작했대요(그에 앞서 이 박테리아가 사는 물이 생겨나기까지도 이미 한참이 걸렸겠죠?). 그렇지만 대기의 대부분을 산소가 차지하려면 거기서 다시 3억 년쯤은 더 기다려야 했습니다. 초기에는 화산에서 나온 가스가 산소와 결합하는 바람에 기껏 생겨난 산소가 다른 물질로 바뀌고 말았거든요.

산소를 들이마셔서 목숨을 이어 갈 수 있는 폐가 생겨나는 과정은 또 다른 기나긴 이야기입니다. 물에 살던 물고기 같은 척추동물에게 폐가 생겨나서 뭍으로 나오기 시작한 건 4억 년 전쯤 벌어진 일이라고 합니다. 말이 쉽지, 지금 뭍에서 사는 우리가 다시 물속에서 숨 쉬는 법을 익히는 것만큼 막막하고 위험한 과정이었을 거예요. 일곱 번 숨을 참으라는 선생님의 말을 못 들은 척 농땡이 치는 정도로 넘어갈 수 없는 일이었겠죠. 저와는 달리 게으름을 피우지 않았던 선조들이 차근차근 그 일을 해낸 덕분에 우리가 지금 공기 속에서 숨 쉬고 있습니다.

그러니까 우리는 혼자 숨 쉬는 게 아닙니다. 우리가 숨을 쉴 때마다 박테리아와 물고기와 지구와 우주가 함께 숨을 쉽니다.

지금 이 순간에도 여러분의 코와 입이 빨아들이는 공기는, 아무리 적게 잡아도 24억 년 동안 전해 내려온 유산이에요. 몇백 년 전에 만든 도자기도 애지중지하는 마당에, 24억 년짜리 가보를 프랑스의 탐험가 자크 이브 쿠스토(Jacques Yves Cousteau)가 말한 표현처럼 '쓰레기통'으로 쓴다면 아무래도 아깝겠죠?

내일의 질문에
오늘 대답하기

우리는 이 세계에서 조금 더 오랫동안 살아갈 테고,
기후 변화가 낳은 제일 끔찍한 여파를 보게 될 겁니다.
그리고 우리가 나이가 들면 사람들이 물어 오겠죠.
기후 변화를 위해 충분히 할 만큼 행동했나요?
그러니까 그 질문에 바로 오늘,
바로 지금부터 대답을 시작해야 합니다.

카를로스 안드레스 알바라도 케사다
(코스타리카 제48대 대통령)

여러분은 어른을 좋아하나요? 이렇게 묻는 이유는, 청소년 시절 저는 어른들을 무척 싫어했기 때문입니다. 아는 어른, 모르는 어른을 가리지 않고 모든 어른에게 화가 나 있었어요. 뚜렷한 이유도 있었습니다. 어른들이 만들어 둔 세상이 하나도 마음에 안 들었거든요.

놀지도 쉬지도 못하고 공부 기계 노릇만 해야 하는 이상한 교육 환경에 아이들을 떠밀어 넣는 어른들이 불만이었습니다. 산을 보기 흉하게 깎아 다짜고짜 고속도로며 터널이며 아파트를 만드는 어른들도 한심해 보였어요. 가난한 사람들이 너무나 많은데, 가진 걸 하나도 내놓으려 하지 않는 욕심 많은 부자 어른들도 미웠습니다. 참 분한 게 많은 아이였죠? 정말이지 그랬답니다. 저는 어른들을 마음껏 욕했어요. 이건 앞서 살아간 어른들이 만들어 둔 세상이었고, 그 세상에 이제야 발을 내딛는 저는 아무런 책임이 없었으니까요.

그렇게 어른들에게 당차게 책임을 묻던 청소년은 쑥쑥 크면서 바로 그 어른이 되어 갔습니다. 그렇게 커 오는 동안, 어제의 내가 불안불안해하던 것들이 아니나 다를까 풍선처럼 부풀어 올라 결국은 오늘의 내 앞에서 문제로 빵 터지기도 했습니다. 사용하는 말이 전혀 달라졌다는 사실이 그 증거였죠. 변한 말들은 세상의 모습이 달라졌다는 걸 비춰 주니까요.

물론 제가 청소년이던 시절에도 환경을 보호해야 한다는 얘기는 많이 오갔습니다. 그 무렵 교과서에 자주 등장하는 어휘는 '지구 온난화'나 '황사' 같은 것들이었어요. 지구 온난화 얘기를 할 때면 지구가 점점 더워져 빙하가 녹아 북극곰이 살 곳이 사라지고, 태평양에 있는 섬나라들이 사라질 수도 있다는 식이었습니다. 그렇지만 어딘지 모르게 '남 얘기' 같은 걱정이었죠.

반대로 얘기해 본다면, 북극에 사는 북극곰만 빼고는, 또 섬나라에 사는 사람들만 빼고는, 당장 위험해질 일은 없다는 소리이기도 했으니까요. 그러던 '지구 온난화' 대신 이제는 '기후 위기'라는 말을 흔히 씁니다. 이 위기는 모두의 위기이기도 하죠. 북극곰이 아니라도, 섬나라 사람이 아니라도, 누구나 폭우에 시달릴 수 있고 높은 기온으로 고생을 하게 되었으니까요.

그런가 하면, 예전에 자주 보이던 '황사'는 봄에 찾아오는 불청객이었습니다. 봄에 중국 쪽에서 불어오는 바람 때문에 사막 지역의 모래가 한국까지 쓸려 왔죠. 한데 이제는 봄에만 잠깐 찾아오던 황사가 아닌, 시도 때도 없이 생겨나는 미세먼지가 하늘을 뿌옇게 덮습니다. 황사라는 말은 거의 쓸 일이 없어졌어요. 미세먼지 농도를 측정해 주는 앱을 일상적으로 확인할 만큼, 미세먼지가 더 성가신 존재가 되었으니까요. 청소년이었던 제가 어른이 될 동안, 그러니까 불과 10년 남짓한 짧은 시간 동안에 많은 것이 바뀌고 나빠진 셈이죠.

조금 뜬금없는 얘기일지도 모르지만, 마라탕 가게에 자주 가나요? 최근에 유행하는 마라탕 가게들은 손님이 직접 재료를 고른 다음, 무게를 재서 값을 매깁니다. 미리 값이 정해진 다른 음식들과 달리, 내가 재료를 고르기 전에는 값이 얼마인지 알 수 없는 거죠. 값을 모른 채로 재료를 담다 보면 저도 모르게 욕심을 부리고는 합니다. 배추는 어차피 무게가 얼마 안 나가니 넉넉히 담아도 상관없을 것 같고, 치즈 떡도 기왕이면 몇 개 더 집어넣어야 먹는 보람이 있을 것 같으니까요. '그래도 이 정도면 만 원은 안 되지 않을까?' 생각하지만, 막상 무게를 재어 보면 1만 5000원 정도는 너끈히 됩니다. 완성된 마라탕은 의외로 양이 많기도 하고요.

저는 환경이 망가지기 쉬운 까닭도 이런 시차 때문이라고 생각해요. 마라탕 재료를 고를 때와 값을 낼 때 시차가 생기는 것처럼요. 만약 우리가 하는 행동의 대가를 그 자리에서 바로바로 치러야 한다면, 우리는 조금 더 신중하게 행동할 거예요. 그렇지만 어제 한 행동의 대가를 어제가 아닌 오늘 치른다거나, 아예 10년 뒤 20년 뒤에 치른다면 얘기가 달라지겠죠. 값이 얼마인지를 모르니, 마라탕 재료를 마구 담듯 경솔하게 굴기가 쉬워질 거예요. 우리가 오늘 탄소를 배출했다고 오늘 당장 생활이 망가지지는 않습니다. 그 값은 내일의 내가 치를 테니까요.

그러니 내일의 내가 여전히 즐거울 수 있을지는, 오늘의 내가 어떻게 준비하고 노력하는지에 달려 있습니다. (비유적으로 말하자면) '마라탕 재료'를 과하게 담아 지구가 버거워하는 것은 아닐지 살펴보면서요.

덴마크 코펜하겐에는 보통 벤치보다 높은 벤치가 시내 곳곳에 있다.
코펜하겐시는 기후 위기에 따른 해수면 상승의 위험성을 경고하기위해 이런 벤치를 제작했다.

0원짜리 땅

땅을 소유한다는 건
바다나 공기를 소유한다는 것과 같다.
땅은 어느 누구도 소유하지 못한다.

타마넨드
(17세기 아메리카 원주민 추장)

예나 지금이나 세상은 어린아이들에게 '교훈적인' 이야기를 들려주고 싶어 합니다. 막상 그런 이야기를 들려주는 어른 중에 제 앞가림을 훌륭하게 도덕적으로 잘하는 이들은 많지 않을 텐데도 말이죠.

'똥 묻은 개'면서도 '겨 묻은 개'들에게 한마디쯤 하고 싶어 하는 어른들의 습성 탓에, 어린이 시절 저는 유태인의 지혜를 담고 있다는 『탈무드』라든지 『이솝 우화』 같은 책들을 흔히 접하며 지냈습니다. 지금 어린이들도 비슷하려나요? 아마도 그럴 것 같습니다.

그렇게 들었던 '교훈적인' 이야기 가운데는 아메리카 원주민의 일화도 있었어요. 아메리카 대륙을 점령하러 간 이방인들이 원주민을 만납니다. 이방인들은 원주민들에게 땅을 팔라고 호령합니다. 그러자 원주민들은 대체 어떻게 땅에 값을 매길 수가 있느냐며, 땅은 사고팔 수가 없다고 응수합니다. 아메리카 대륙을 점령하려는 계획에 차질이 생기자 화가 난 이방인들은 협상을 시도했지만 결국은 총과 칼로 원주민을 죽이고 땅을 차지합니다. 아마도 각색이 들어갔을 수 있겠지만, 아무튼 간에 땅이라는 자연물을 신성하게 여기는 마음가짐을 일깨워 주려는 의도로 쓰이던 일화였죠.

그렇지만 이런 교훈에 고개를 끄덕이는 건 아주 잠깐이었습니다. 아메리카 원주민과는 거리가 한참 먼 한국 어린이인 제가 더 자주 부대끼는 말들은 '사촌이 땅을 사면 배가 아프다'든가 '땅부자' 같은 말이었으니까요. 땅은 자연의 일부라기보다는, 아무리 생각해도 재산을 드러내고 쌓는 쏠쏠한 수단처럼 느껴졌습니다.

그렇지만 그나마 가까운 이 말도 저와는 여전히 거리가 있다고 생각했죠. 저는 결코 '땅을 사는 사촌'도, '땅이 많은 부자'도 아니었으니, 과연 땅을 사고 갖는 미래가 생전 오기는 할까 의문이었거든요.

교훈적인 이야기를 듣는 어린이보다는 어떻게 해서든 교훈적인 이야기를 쥐어짜 내야 하는 어른이 된 어느 날, 살면서 처음으로 진지하게 땅을 사고 싶다는 생각을 했습니다.

제가 사고 싶은 땅은 인도네시아 발리의 산간지대에 있었어요. 여러 해 동안 사귀며 지내는 발리 친구들이 운영하는 숙소가 자리 잡고 있는 동네였습니다. 한적하고 걷기 좋은 곳이었죠. 코로나바이러스가 퍼진 몇 년 동안은 통 가 보지 못했었기에, 간만에 다시 찾는 길은 두근거리면서도 두려웠어요. 혹시나 그 사이 새로운 건물이 들어서서 풍경이 변해 버렸으면 너무속이 상할 것 같았거든요.

다행히 숙소 주변 풍경은 그대로였습니다. 길게 뻗은 산맥이 바다까지 부드럽게 이어지는 모습이 쾌청하게 보였어요.

그렇지만 안심할 수는 없었어요. 그리 멀지 않은 곳에 고급 호텔이 들어섰다고 했거든요. 또, 그 근방에는 한창 공사 중인 새로운 호텔들도 심심찮게 보였습니다. 풍경이 좋아서 머무르기 좋은 동네인데, 이렇게 무분별하게 숙소를 짓다가는 최고의 매력인 풍경을 해칠 것만 같았어요. 개발은 생각보다 빨리 이뤄지고는 하니 조바심이 났죠.

그래서 이곳 땅을 최대한 많이 사서, 그 땅에 남들이 아무것도 못 짓도록 그냥 내버려두고 싶다는 생각이 들었어요. 이게 제 생애 처음으로 땅을 사고 싶어진 순간이었죠. 개발을 막도록 땅을 사야겠다는 생각이 들자, 오래전 어린이 시절에 들었던 아메리카 원주민 얘기가 다시금 떠올랐어요. 땅에는 값을 매길 수도 없고, 땅을 사고팔 수도 없다는 마음가짐요.

땅은 한 번도 인간에게 값을 알려 준 적이 없습니다. 값을 치르라고 요구한 적도 없죠. 한데 어느 순간 사람들이 제멋대로 땅에 값을 매기고는 사람들끼리 돈을 주고받기 시작합니다. 정작 장본인인 땅은 가만히 있는데 말이에요.

굳이 값을 매겨야 한다면, 예전에도 지금도 앞으로도 땅은 0원인걸요. 그런 0원짜리 땅을 본래 모습 그대로 가만히 두려면 지금은 아이러니하게도 억만금을 들여 사서 지켜야 합니다. 따지고 보면 영 어리석은 일이에요. 땅의 주인을 따진다면 땅스스로뿐이죠. 그 땅을 땅에게 돌려주기 위해 땅이 물은 적 없는 큰돈을 치러야 한다니요.

보통은 땅을 사서 그 위에 건물을 지어 돈을 법니다. 아니면 땅을 산 다음, 땅값이 비싸게 오를 때까지 기다렸다가 팔아서 차액을 남겨 돈을 벌죠. 제가 발리 산간 지역에 땅을 산다면, 건물을 짓지도 않고, 땅을 비싸게 팔 일도 없을 거예요. 억만금을 주고 땅을 사서 본래의 0원짜리 땅으로 되돌리는 일을 하려고 마음먹었으니까요.

그러니 아무리 땅을 사도 부자가 되지는 못하겠죠. 더 가난해지지만 않는다면 다행일 거예요. '땅을 샀다는 바로 그 사촌'

이 되되, '땅이 있어도 부자는 아닌 사람'이 되는 게 저의 꿈이
라면 꿈이랍니다.

○ 10월 ○
고기를 좋아하지만
채식도 하고 싶어

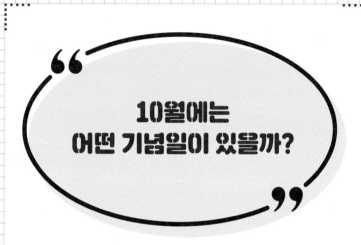

**10월에는
어떤 기념일이 있을까?**

| 10월 1일
**세계
채식인의 날** | 10월 16일
**세계
식량의 날** | 10월 31일
**세계
도시의 날** |

○ 기후·환경과 관련한 또 다른 기념일을 찾아보고, 아래에 써 보아요.

_____

_____

_____

○ 10월, 나만의 환경 기념일을 만들어요!
　예) 고기 먹지 않는 날

_____

_____

_____

함께 생각해 봅시다

.Q.

근처 마트나 편의점에서 어렵지 않게 고기를 구입해서 먹을 수 있습니다.

그런데 육류나 가공식품을 이렇게 쉽게 구하는 것이,

실은 환경을 해치는 원인 중 하나일 수 있습니다.

왜 그런지 이유를 조사해 볼까요?

.Q.

10월 1일은 세계 채식인의 날입니다. 좋아하는 채소가 무엇인가요?

싫어하는 채소는요? 아래에 목록을 적고, 좋아하는 채소와

싫어하는 채소를 섞어서 나만의 채식 레시피를 만들어 볼까요?

좋아하는 채소	싫어하는 채소
나만의 채식 레시피	

아보카도처럼
반짝거리지 않더라도

지속 가능성을 추구하는 사람들도
획일적인 해결책을 강구하려는 경향이 있다.
머지않아 사람들은 어디서든 스마트 도시에서
하이브리드 자동차를 타고
채식을 하면서 살아야 한다는 식이다.
그러나 인생에 단 한 가지 공식이란 없다.
모든 풀잎과 새와 벌레부터 수많은 문화 속의
고유한 개인의 정체성에 이르기까지,
모든 곳에는 다양성이 필요하다.

헬레나 노르베리 호지
(로컬 경제 운동가)

채식이라는 말을 들으면 머릿속에 어떤 음식이 그려지시나요? 저는 토마토, 올리브, 푸성귀 등등 갖은 채소가 들어간 샐러드 한 그릇이 떠올라요. 물론 이건 '채식주의자들은 풀만 먹는다'라는 일차원적인 편견이나 고정관념이 만들어 낸 이미지일지도 몰라요. 또는 제가 채식을 처음 알아 가던 무렵에 눈에 많이 띄었던 음식이어서 그런지도 모르겠어요.

식당에 들어가 채식 메뉴를 가장 먼저 마주쳤던 건 아마도 인도네시아 발리 섬에서였을 거예요. 예나 지금이나 발리는 전 세계 사람들이 모여드는 인기 많은 관광지죠. 호주를 비롯해 서양 사람들도 많이 찾고요. 그러다 보니 외국인을 상대로 하는 식당에는 서양인 채식주의자들을 위한 채식 메뉴가 많았어요. 그렇게 메뉴판에서 마주친 샐러드가 제게는 채식의 첫인상이었죠.

그 뒤로 한국에서 채식이 점차 퍼져 나갈 때에도 비슷한 메뉴들이 눈에 띄었어요. 서울의 '힙한' 동네에 있는 채식 식당을 가면 아보카도처럼 알록달록한 채소를 듬뿍 올려 주는 샐러드를 심심찮게 볼 수가 있었죠. 샐러드 토핑으로 올라가는 아보카도, 퀴노아, 렌틸콩, 병아리콩 등등 이국의 재료들과 차츰 안면을 트기 시작했어요.

서양 음식에 쓰이는 낯선 식재료는 공연히 멋있어 보이게 마련이에요. 실제로도 건강에도 좋고 환경에도 좋은 채소와 곡식이라 하니, 흠잡을 데가 없었어요. 어쩌다 이런 재료가 들어간 메뉴를 먹을 때면 괜히 '환경과 건강을 챙기는 윤리적인 사람'이 된 것 같은 기분에 내심 으쓱하기도 했지요.

한데 마냥 이로울 줄로만 알았던 이런 식재료가 오히려 해를 끼치기도 한다는 사실을 나중에야 알았어요. 전 세계 사람들이 한날한시에 한 가지 음식을 찾다 보니 탈이 난 거죠.

이를테면 아보카도의 인기가 너무 많아지다 보니, 아보카도를 키울 농장을 만드느라 멀쩡한 숲을 잔뜩 베어 냈다고 해요. 아보카도를 기르는 데 물이 많이 들어, 물이 부족해지고 토지도 쉽게 황폐해졌고요. 이렇게 문제를 일으킨 건 아보카도만이 아닙니다. 퀴노아라는 작은 곡식도 마찬가지예요. 원래는 주로 볼리비아라는 나라에서 퀴노아로 수프나 죽을 만들어 주식으로 삼았다고 합니다. 그렇지만 최근에 건강식으로 각광받고 갑자기 인기가 늘어나며 다른 나라 사람들도 엄청나게 찾기 시작했죠. 수확하는 퀴노아 양은 별반 달라지지 않았는데 사려는 사람들이 많아지니 자연히 퀴노아의 값이 올라갔고요. 그 바람에 이제는 정작 볼리비아 사람들이 먹을 수 없을 만큼 비싸졌다고 해요.

이런 사실을 알았을 때 저는 적잖이 부끄러웠답니다. 세련된 식당에서 비싼 값을 내고 아보카도나 퀴노아가 들어간 샐러드를 먹는 일은 멋있어 보인다고만 생각했거든요. 그렇지만 속사정을 알고 나니 마냥 '멋있어 보인다'고 좋아할 일이 아니었던 거에요. 먼바다 건너에서 키운 채소들이 한국에 있는 식탁으로 오는 동안, 누군가는 필요한 물도 쓰지 못하고 예전부터 쭉 먹던 식사도 하지 못하는 희생을 치렀던 것이죠.

소설가 박민규의 『죽은 왕녀를 위한 파반느』에는 이런 얘기가 등장합니다. 유명한 연예인들이 빛나는 까닭은 평범한 사람들의 숱한 사랑이 반딧불처럼 모이고 모였기 때문이라고요. 그리고 말합니다.

"인간은 참 우매해. 그 빛이 실은 자신에게서 비롯되었다는 걸 모르니까. 하나의 전구를 터질 듯 밝히면 세상이 밝아진다고 생각하지. 실은 골고루 무수한 전구를 밝혀야만 세상이 밝아진다는 걸 몰라."

그러니 인기를 얻어서 반짝반짝 빛나는 먼 나라의 아보카도만 바라보지 말고, 가까이에 있는 '반딧불'들에게 골고루 주의를 기울여 봐야겠다고 생각했어요. 찾으려고 든다면 작은 빛은 충분히 있으니까요. 그리고 멋있어 보이는 것을 너무 쉽게 부러워하지도 말고, 덜 멋있어 보이는 것을 부끄러워하지도 말아야겠다고 생각했어요.

할머니가 쪄 주신 호박잎 쌈, 이웃집에서 나눠 준 가죽나물, 아빠가 주말 농장에서 솎아 온 쌈채소 같은 것들요. 제 식탁에 간간이 올라오는 이런 식재료들을 전 세계 사람들이 열광하며 찾는 일은 아마도 벌어지지 않겠죠. 이렇게 이제껏 유명해진 적 없었고, 앞으로도 유명해질 일이 없을 작은 것들이 우리를 구원해 줄지도 몰라요. 작은 것들은 남을 무자비하게 집어삼킬 만큼 크지 않으니까요.

멕시코의 한 마을에서 아보카도 재배를 위해
삼림을 벌채한 모습.

고기를 먹는
채식주의자

나는 채식주의자다.
그래도 우리가 키운 양의 고기는 먹는다.
한때는 육식에 대한 거부감이
식인에 대한 거부감만큼 컸다.
그러다 양들이 생겼다. 애들도 생겼다.
사는 게 그렇게 단순한 문제가 아니라고 생각하게 됐다.
그러면서 다시 고기를 먹었다.
단, 고기를 먹더라도 옛날처럼 아무 고기나 먹지 않고
내 손으로 죽인 동물의 고기만 먹었다.

『사랑한다고 했다가 죽이겠다고 했다가』
(악셀 린덴 지음)

어느 양치기의 이야기입니다. 자기가 직접 기른 동물만 먹는 채식주의자라고 해요. 저도 제가 직접 기른 동물이 음식이 되었던 기억이 있어요. 초등학교 때 병아리를 닭이 되도록 길렀었거든요.

이제는 한참 전에 사라진 모습이 되었지만, 제가 어렸을 때는 학교 교문 앞에 병아리를 파는 상인들이 이따금씩 찾아오고는 했습니다. 양계장에서 알도 낳지 못하고 몸도 튼튼하지 못한 수평아리들을 골라내 파는 것이라 들었어요. 당연히 비실비실한 녀석들일 테고, 또 제가 사는 집은 아파트여서 병아리가 살기에는 알맞지 않았는데도, 운이 좋았는지 재주가 좋았는지 제가 데려온 병아리는 쑥쑥 커서 닭이 되었습니다.

병아리 '초롱이'는 닭이 되자 퍼덕퍼덕 날아다녔어요. 너무 기세가 좋아져서 이제는 정말로 아파트에서 기를 수가 없었습니다. 농사를 짓는 시골 친척집으로 닭을 보냈고, 그러다 시간이 흘러 어느 날 백숙이 되어 우리 집으로 돌아왔어요. 저는 그 백숙을 먹을 수가 없었습니다. 엄마도 아빠도 동생도 먹지 못하고, 할머니만 그 백숙을 드셨죠. 그렇다고 해서 할머니가 잔인하다고 욕할 수는 없었습니다. 그렇지만 백숙을 먹는 데 동참할 수는 없었어요. 머릿속이 복잡했습니다.

'내가 사랑했던 닭을 내가 어떻게 잡아먹겠어!'
'그런데 내가 사랑하는 할머니가 내가 사랑했던 닭을 드시다니!'

초등학생이었던 저와 이 양치기는 자신이 기른 동물을 놓고 서로 다른 선택을 했습니다. 둘 가운데 누구의 선택이 '맞을까요'? 답을 골라볼 동안, 이 양치기가 말한 채식주의자 이야기를 하면서 생각할 시간을 벌어 보죠.

채식의 단계를 어떻게 분류하는지 들어 본 적이 있나요? 가장 흔하게 접하는 분류는 이런 식입니다. 소고기 같은 붉은 고기만 안 먹는 채식주의자는 뽀요(pollo) 채식주의자, 붉은 고기와 흰 고기를 안 먹고 생선은 먹는 채식주의자는 페스코(pesco) 채식주의자, 붉은 고기, 흰 고기, 생선은 안 먹되 유제품과 달걀은 먹는다면 락토 오보(lacto ovo) 채식주의자……

이런 구분법대로라면, 소고기를 안 먹는 일이 생선을 안 먹는 일보다 더 중요하고 시급한 것처럼 느껴집니다.

그런데 전혀 다른 사고방식을 지닌 사람들도 있습니다. 생선을 잡아먹기보다는 소를 잡아먹는 게 차라리 더 낫다고 생각하는 거예요. 환경 운동가 헬레나 노르베리 호지가 지은 『오래된 미래』에 다음과 같은 내용이 나옵니다.

"라다크 사람들은 살생을 해야 한다면 더 많은 사람들이 먹을 수 있도록 큰 짐승을 택하는 것이 낫다고 생각하는 것 같다. 생선을 먹는다면 더 많은 살생을 해야 하는데 이곳 사람들은 그런 것을 꺼리고 있는 것이다."

어차피 먹어야 하는 양이 똑같다면, 여러 마리 생선 대신 한 마리 소를 죽이는 편이 낫다는 얘기입니다. 여러분은 어떻게 생각하시나요? 이 역시 일리가 있죠.

그렇다고 해서 소고기를 안 먹고 생선을 먹는 채식주의자들이 엉터리인 것인가 하면, 그렇지도 않습니다. 소고기를 만들면서 생겨나는 탄소가 훨씬 많거든요. 그러니까 지구에 부담을 주는 탄소의 양을 줄이기 위해서는 소고기를 먹지 않는 편이 훨씬 도움이 됩니다.

그러니까 생선을 먹어도 소고기는 안 먹는 채식주의자들의 생각도 '맞습니다'. 과연 이것이 맞고 틀리고를 따질 수 있는 문제인지, 또 설령 그렇다 한들 제가 맞고 틀리고를 판가름할 자격이 있는지는 또 다른 문제지만요.

제가 아까 던졌던 질문으로 잠시 돌아가 보아요. 직접 기른 닭을 먹지 않았던 초등학생 시절의 저도, 자신이 기른 양만 잡아먹는 양치기도, 둘 다 맞습니다. 그리고 사실 그 질문에 꼭 답해야 할 필요조차 없습니다. 답도 정해져 있지 않고, 반드시 답해야 하는 것도 아니지만, 질문을 멈출 수는 없습니다.

질문을 던져야 이유를 발견할 수 있기 때문입니다. 어떤 것이 더 낫다고 생각하는 이유들이 모이기 때문이에요. 이렇게 이유가 모이면 다른 일을 결정할 때에도 비슷하게 나은 선택을 하기가 쉬워집니다. 이를테면 '살생을 줄여야 하니까'라는 이유를 지닌 라다크 사람이라면, 사냥을 나설 때도 꼭 필요한 사냥감만 죽일 겁니다. 유럽 귀족들이 그러던 것처럼 단순히 재미를 느끼려고 사냥을 하지는 않겠죠.

병아리 '초롱이'로 만든 백숙을 먹지 않기로 결정했던 저는 쑥쑥 자라 이제 또 다른 질문을 스스로 던져 봅니다. '초롱이'로 만든 백숙은 먹지 않았다면, 다른 닭으로 만든 백숙은 먹어도 괜찮은 걸까? 그리고 이 질문을 곱씹으며 이유를 떠올려 보겠죠. 이런 이유들이 모이다 보면 제 생활은 좀 더 나은 선택들로 채워질 거예요.

◦ 11월 ◦
아무것도 사지 않는 날

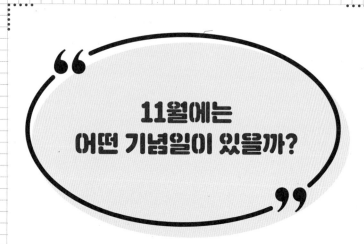

**11월에는
어떤 기념일이 있을까?**

11월 19일	11월 넷째 주 금요일
세계 화장실의 날	**아무것도 사지 않는 날**

○ 기후·환경과 관련한 또 다른 기념일을 찾아보고, 아래에 써 보아요.

○ 11월, 나만의 환경 기념일을 만들어요!
　예) 용돈 쓰지 않는 날

함께 생각해 봅시다

.Q.

용돈을 많이 받는 편인가요, 적게 받는 편인가요?

용돈을 받으면 다 쓰는 편인가요,

저축하거나 아껴 두는 편인가요?

나의 소비 생활에 대해 이야기해 볼까요?

.Q.

지난주의 소비 기록을 적어 보아요.

- 가장 큰 지출:
- 필요 없었던 지출:

.Q.

'세계 화장실의 날'은 화장실로 인한 식수와 위생 안전의 심각성을 알리고

화장실 보급을 늘리기 위해 UN에서 제정했습니다.

위생적 화장실 환경이 필요한 사례를

검색한 뒤 도움이 될 수 있는 방안을 생각해 볼까요?

물건들과
안녕하신가요?

우리는 행복하게 지내려고 이 행성에 왔습니다.
삶은 짧고 금세 사라져 버리니까요.
그 어떤 소유물도 삶만큼 가치롭지는 않습니다.
이 사실이 밑바탕이 되어야 합니다.
한데 더 많은 걸 소비하려고 일하고
또 필요 이상으로 일하는 동안,
삶은 손가락 사이로 빠져나가 버리고 맙니다.

호세 무히카
(우루과이 제40대 대통령)

쇼핑을 종종 하시는 편인가요? 저는 물건을 아주 많이 사들이던 때가 있었답니다. 지갑 사정이 여유롭진 않았으니 값비싼 것들은 넘보지 못했지만, 그래도 형편이 닿는 선에서는 시도 때도 없이 사들였어요. 마치 물건을 사는 행동만이 제가 존재하는 이유인 양, 그렇게 멋들어진 물건을 사면 저도 자동으로 멋진 사람이 될 거라고 생각하면서요.

그 무렵에는 여행을 가면 행선지가 어디건 간에 가방을 물건으로 꽉꽉 채워 보따리장수처럼 귀국했답니다. 포르투갈에 갔을 때는 두툼한 접시를 몇 장씩 쟁여 왔어요. 푸른 물감으로 하나하나 직접 그린 바다 생물들이 있는 접시였거든요.

정감 있는 그 접시들을 저는 무척 아꼈습니다. 어쩌다 여럿이 나눠 먹을 맛있는 요리를 준비할 때만 식탁에 올렸어요. 그런데 아뿔싸. 하루는 접시에 남은 기름기를 닦아 내다가 제 동생이 하나를 바닥에 폭삭 깨뜨리고 만 거예요. 귀하게 다뤘던 만큼 이 접시와는 평생 함께 지낼 거라고 상상했기 때문에, 깜짝 놀라기도, 속상하기도 했어요. 그리고 짧은 순간이지만 고민에 빠졌습니다.

좋아하는 접시를 깬 동생에게 저는 화를 내야 할까요? 아니면 접시가 깨졌다며 실의에 빠져 펑펑 울거나 하루를 암울하게 보내야 할까요? 물론 그렇게 할 수도 있겠지만, 별로 그러고 싶지는 않았습니다. 제가 그 접시를 샀던 이유를 곰곰이 떠올려 봤어요.

접시를 집에 두면 기쁠 거라고 생각했겠죠. 예쁘게 생겼으니까 바라만 보아도 기분이 좋아질 거라고 생각했어요. 그렇지만 접시라는 쓸모도 무시할 수가 없습니다. 그래서 이 접시에 음식을 담으면 즐거울 거라고 생각했어요. 또, 이 예쁜 접시를 가족이나 다른 사람들과 함께 둘러앉은 식탁에서 사용하면 더 많은 사람들이 즐겁게 밥을 먹을 수 있겠다고 생각했고요.

어쩌면 그게 제가 접시를 샀던 가장 큰 이유였죠. 그리고 이미 가족 식사 때 접시를 실컷 사용했으니, 접시를 산 목적은 이미 충분히 달성하고도 남은 셈이었습니다. 동생과 다투거나, 동생을 미워하거나, 동생을 탓하려고 산 게 아니었어요. 오히려 그 반대라면 반대였죠. 동생과 기분 좋은 식사 시간을 만들고 싶어 산 접시였으니까요.

그렇게 생각하니 크게 아쉬울 것도 없었어요. 이 접시가 영원히 저와 함께 있어 줄 거라는 상상도 영 어리석었고요. 애초에 지구 어딘가에 있던 찰흙을 데리고 와서 접시를 만들었으니, 언젠가는 얼마든지 다시 흙 조각이 될 수도 있었을 테니까요. 사실은 제 것도 아니고, 지구에서 잠시 빌려 온 물건이었습니다. 이 접시 덕분에 기대했던 대로 식사가 즐거워졌으니 그것만으로도 충분히 고마웠습니다.

　물건을 얼마나 가지고 지내는지는 사람마다 다르겠지만, 적든 많든 우리는 물건과 부대끼며 삶을 보냅니다. 물건은 삶에서 빼놓을 수가 없죠. 그렇지만 물건이 결코 우리 삶의 주인공은 아닙니다. 우루과이 대통령 호세 무히카(José Mujica)의 말처럼 오로지 물건을 더 많이 소비하겠다는 마음으로 일을 하고 돈을 벌다 보면 자칫 우리가 주인공 자리에서 밀려날지도 몰라요. 그러니 주인공인 우리 자신이 물건 친구들과 어떤 관계를 맺어야 좋을지, 어떻게 해야 이 행성에서 행복한 시간을 보낼 수 있을지 마음속에 또렷하게 품어 두어야 합니다.

　물론 저도 항상 완벽한 정답을 가지고 지내지는 않습니다. 기똥찬 물건을 보면 팔랑팔랑 유혹에 흔들려서 얼른 사야 할 것 같은 허기가 느껴지기도 해요. 그럴 때는 마음속에 등대처럼 떠올립니다. 제가 이 물건을 단지 '가지고 싶어서 가지려는 것인지', 아니면 이 물건 덕분에 '삶을 즐겁게 채울 수 있어서인지'를요.

나혜석에게
스마트폰이 있었다면

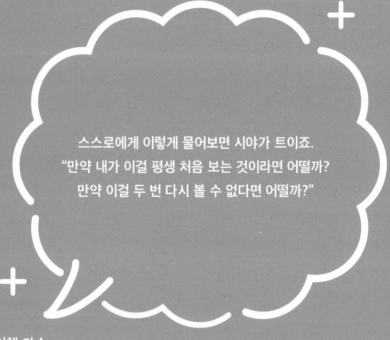

스스로에게 이렇게 물어보면 시야가 트이죠.
"만약 내가 이걸 평생 처음 보는 것이라면 어떨까?
만약 이걸 두 번 다시 볼 수 없다면 어떨까?"

레이첼 카슨
(해양 생물학자·작가)

얼마 전, 서양화가이자 문필가였던 나혜석이 쓴 여행기를 읽었어요. 마침 저도 여행길에 오른 참에 잘 어울리겠다 싶어 고른 책이었죠. 기차를 타고 다닐 일이 많았고, 나혜석도 (그때는 비행기가 없었으므로) 기차를 한참 타고 여행했기에 저의 여행과 그의 여행기 속에서 비슷한 감각을 발견하는 재미가 있었어요. 그렇지만 기차라는 탈것 말고는 다른 점이 너무도 많았죠.

나혜석은 1년도 넘게 여행을 하는 동안 필요한 여비를 어떻게 가지고 다녔을까요? 여행지에 관한 정보는 어떻게 얻었을까요? 애초에 여행지가 어떻게 생긴 곳인지 사진으로 본 적은 있었을까요? 여행하는 동안 고향에 있는 가족들과는 어떻게 연락했을까요? 여행하며 만나는 외국 사람들과는 어떻게 뜻을 통했을까요?

저는 신용카드 한 장이면 여비가 해결되고, 휴대폰 하나면 사진도 정보 검색도 연락도 번역기도 단숨에 해결할 수 있는데 말이에요. 이렇게 세상이 천지 차이니, 나혜석이 지금 세상을 살아 보았다면 어땠을까요? 그래서 애초에 이혼해도 그때처럼 큰 흠 결이 되지 않는 세상이었다면? 아니면 꼭 큰마음을 먹지 않아도 유럽이든 어디든 여행할 수 있는 세상이었다면?

나혜석은 아마도 신나서 훨훨 날아가지 않았을까요? 그렇게 생각하니, 만약 그가 지금의 저로 태어났다면 눈에 보이는 온갖 것들이 참 귀중하게 느껴졌겠다 싶었어요. 제게는 이미 너무 익 숙하고 당연한 것들이지만, 작가인 레이첼 카슨(Rachel Carson) 의 말처럼 그걸 "평생 처음 보는" 사람이 되었다면요.

반대로 지금 가지고 있는 것을 앞으로 영영 만나지 못한다고 생각해도 당연한 것들이 귀하고 절실하게 변신하죠. 우리 몸은 저마다 다르니까 딱 잘라 말할 수는 없지만, 여러분의 무릎은 튼 튼한가요? 저는 멀쩡한 무릎이 있었어요. 그런데 그 무릎을 영 영 잃는 줄만 알았던 일이 벌어졌어요. 몇 주 동안 긴 여행을 하 는데 중간 즈음부터 오른쪽 무릎이 찌릿찌릿 아프기 시작했어 요. 나중에는 발목 관절까지 통증이 퍼져서 평범하게 발을 딛을 때조차 발목과 무릎에 충격이 가지 않도록 조심조심 온 신경을 써야 했죠. 외국이라 병원을 가기 쉽지 않았기에, 이러다 나중에 오른쪽 다리를 잘라 내야 하지는 않을까 걱정이 되었어요.

거기까지 상상이 미치니 저 혼자 힘으로 산책하는 지금 이 순간이 너무 소중했죠. 발아래 밟히는 흙과 풀도 모두 감사했어요. 두 번 다시 밟을 수 없을지도 모르는 곳이잖아요. 온전한 몸으로 여행하는 것도 이번이 마지막일지도 모른다는 슬픔에 먹고 싶은 것 마시고 싶은 것을 가리지 않고 모두 배 속으로 털어 넣었죠. 나중에 한국에 돌아와 병원에 가 보니 다행히 가벼운 염증이어서 약을 먹고 금방 나았지만요.

제가 당연하다 못해 무심하게 아니면 권태롭게 여기는 것들이, 이를테면 '아프지 않은 무릎' 같은 것이, 전혀 새로운 시각으로 보면 꼭 보물이나 만능 요술봉처럼 느껴졌어요. 하다못해 제가 손에 쥐고 있는 휴대폰도, 제가 걸치고 있는 따스한 옷도, 더위나 추위를 막아 주는 집도 사실은 그렇겠지요. 제가 이런 도구를 생전 처음 보는 사람이라면, 아니면 이제 앞으로 영영 쓸 일이 없어져 버린다면, 저는 이 귀한 기회를 어떻게 활용할까요?

그 귀한 것은 튼튼한 무릎일 수도 있고요, 손이 될 수도 있고요, 볼 수 있는 눈일 수도 있어요. 비단 내게 붙어 있는 것만이 아니라 다른 것들이 될 수도 있죠. 너무 춥지 않은 겨울 날씨일 수도 있고요. 아무도 열기에 죽을 일 없는 따뜻한 여름 날씨일 수도 있고요. 방사능을 걱정하며 먹지 않아도 괜찮은 청정한 물고기일 수도 있고요. 평생 처음 보는 사람의 눈으로, 아니면 평생 마지막으로 보는 사람의 눈으로 본다면요.

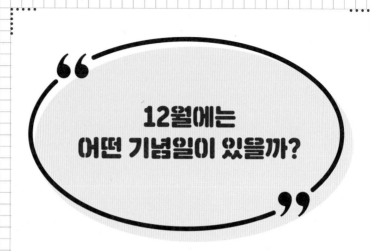

12월에는 어떤 기념일이 있을까?

12월 5일	12월 11일
세계 토양의 날	**국제 산의 날**

○기후·환경과 관련한 또 다른 기념일을 찾아보고, 아래에 써 보아요.

~~~~~~

~~~~~~

~~~~~~

○12월, 나만의 환경 기념일을 만들어요!

예) 가족과 등산하며 쓰레기 줍는 날

~~~~~~

~~~~~~

~~~~~~

함께 생각해 봅시다

.Q.

무분별한 개발로 점점 산이 사라지고,
산불, 폭염, 가뭄 등의 이상기후 현상으로 산림이 파괴되고 있습니다.
멀고 높게만 보이는 산을 가까이 지켜 낼 수 있는
노력에는 어떤 것이 있을까요?

.Q.

지구는 갈수록 뜨거워집니다. 유엔 사무총장은
이제 '지구 열대화 시대'가 시작되었다고 말하기도 했습니다.
지금 우리가 알아야 할 기후 이슈를 찾아서 같이 논해 보아요.

.Q.

자연분해가 잘되지 않는 합성세제는 수질뿐 아니라 토양에도
심각한 영향을 끼칠 수 있습니다. 토양이 오염되면 정화가 제대로
이루어지지 않아 악순환이 이어질 테고요.
토양을 보호하기 위한 일상의 실천 방법을 적어 볼까요?

여행
마지막 날

백인과 아메리카 원주민의 차이는 바로 이것이다.
백인은 자식들에게 돈을 남겨 주려고 한다.
아메리카 원주민은 숲을 남겨 주려고 한다.

위노나 라듀크
(아메리카 원주민 환경 운동가)

여러분은 치킨을 사 먹어 본 적 있나요? 그러면 총을 사 본 적은요? 한국은 평범한 사람들이 사고 싶다고 총을 살 수 없는 나라니까, 아마 총을 사 본 적은 없을 거예요. 2005년~2023년 수치를 보면 우리나라 전체 예산의 10퍼센트 정도를 국방비로 쓰고 있어요. 말하자면 매달 월급으로 200만 원을 받는 사람이 20만 원을 뚝 떼어 총과 군복을 사는 격이죠.

'그 돈이면 치킨이 열 마리인데!' 싶은 생각이 들어요. 치킨 생각이 나는 건 나름 일리가 있습니다. 우리가 총을 뜯어 먹고 살 수는 없으니까요. 그렇지만 치킨은 우리를 먹여 살립니다.

우리가 살아가는 데 꼭 필요한 것들은 의외로 대단하지 않습니다. 공기와 물과 음식만 있으면 됩니다. 여기에 편히 잠을 잘 수 있는 곳이 마련되면 좋겠죠. 그러고 나면 하나둘 욕심을 부려 볼 차례입니다. 집 안을 멋지게 꾸민다면 좋겠고, 이왕이면 옆집보다 우리 집을 더 멋있게 꾸민다면 좋겠고, 또 언제 옆집이 우리 집으로 쳐들어올지 모르니 총을 사 두고 싶을 수도 있겠죠.

그렇지만 총이 없다고 당장 죽지는 않습니다. 집 안이 예쁘지 않다고 죽을 일도 없지요. 하지만 공기가 없으면 10분도 못 버티고 죽을 겁니다. 물이 없으면 3~5일이면 죽고 말아요.

한데 우리는 생명을 유지하는 데 꼭 필요한 것들을 오히려 소홀하게 취급합니다. 숲을 베어 나무를 돈과 맞바꿉니다. 그 나무를 사들여서 전기를 만듭니다. 전기를 끌어다 공장을 돌립니다. 공장을 돌려서 공기를 서슴없이 오염시킵니다. 공장에서는 물건을 열심히 만들어 냅니다. 물건을 팔아서 돈을 열심히 벌죠. 잔뜩 번 돈으로 비싸고 좋다는 물건을 다시 부지런히 사들입니다. 그렇게 산 물건을 서로서로 자랑합니다. 돈을 많이 벌고 비싼 물건을 사는 것이 '잘 사는' 삶이라 철석같이 믿고 있으니까요. 과연 그럴까요?

이번에는 삶이라는 여행의 마지막 날이라고 상상해 봅시다. 오늘이 지나면 더는 기회가 없어요. 오늘 하루 어떤 일을 하며 보낼 생각인가요? 저부터 한번 제게 중요한 일과 중요하지 않은 일을 꼽아 보겠습니다.

- 좋아하는 가족들에게 웃으며 아침 인사 하기: 중요해요.
- 인스타그램에서 '좋아요' 많이 받기: 중요하지 않아요.

- 먹고 싶은 음식 먹기: 중요해요.
- 명품 가방 사서 자랑하기: 중요하지 않아요.

- 쉬고 싶은 만큼 쉬기: 중요해요.
- 뭐라도 콩고물을 기대하며 마음에도 없는 이에게 아부 떨기: 중요하지 않아요.

- 입고 싶은 옷 입기: 중요해요.
- 거북목을 만들어 가면서 은행 계좌에 돈 잔뜩 쌓기: 중요하지 않아요.

- 빚내서 집 사기: 이건 어떨까요?
- 마음에 안 드는 사람 험담하기: 그렇다면 이건요?

여러분은 어떤가요? 삶에 중요한 일과 중요하지 않은 일을 잘 구분할 수 있나요? 이렇게 중요한지 아닌지를 따지면서도 저는 결코 떳떳하지 못하답니다. 사실은 꽤나 거꾸로 살고 있거든요. 덜 중요한 일을 제일 열심히 하고(돈 벌기, 인스타그램에 '있어 보이는' 사진 올리려고 전전긍긍하기, 다른 사람 못마땅하게 생각하기 등등), 가장 중요한 일을 제일 소홀히 하거든요(가족들에게 웃어 주기, 친구들에게 고마워하기 등등). 아이러니하게도, "당장 먹고 살아야 한다"는 핑계를 대면서요!

물론 사람살이에서 이런 '덜 중요한' 일들을 절대 무시할 수 없죠. 돈을 벌고 사람들에게 호감을 사야 생계를 꾸릴 수가 있으니까요. 그렇지만 그게 유일한 목표로 탈바꿈해 버린다면 영 슬플 거예요.

일을 하고 재산을 쌓는 이유는, 그걸 재료 삼아서 더 즐거운 일들을 하기 위해서잖아요. 열심히 일한 다음 휴가를 보낼 돈을 모아서 숲에서 시간을 보내는 것처럼요. 휴가를 떠나지 못한 채 돈만 바라보고 있으면 울적해질 거예요.

마찬가지로 숲이 다 사라진 세상에서 돈만 바라본다면 울적하겠죠. 이렇게 본다면 환경을 위해 가장 중요한 것을 따지고 챙기는 일은, 내 삶에서 가장 중요한 가치를 챙기는 일과도 닮아 있습니다. 우리 목숨을 살리고 생활을 기쁘게 만들어 주는 것이 숲일지, 아니면 돈일지, 질문해 보아야 해요. 특히 오늘이 삶이라는 여행의 마지막 날이라고 생각한다면요.

돈을 벌어다 주지 않는 곳

열대우림은 점령해야 하는 텅 빈 공간도,
땅속에서 캐내야 하는 보물도 아닙니다.
열대우림은 가꿔 나가야 하는
가능성이 펼쳐진 꽃밭입니다.

룰라 다 시우바
(브라질 35·39대 대통령)

오스트리아와 독일의 국경 지대에 자리 잡은 운터스베르크 산에 간 적이 있어요. 해발 1900미터 정도까지 올라가는 케이블카를 타고 전망을 볼 수 있어 유명한 관광지죠. 해발 300미터를 조금 넘는 서울의 인왕산만 올라가도 전망이 근사한데, 그보다 훌쩍 높은 곳에서 바라보는 세상은 어떨까 기대를 하며 찾아갔어요.

그날은 아침부터 유독 안개가 짙었어요. "가다 보면 걷히겠지" 하며 길을 나섰죠. 바쁜 여행자는 내일이면 다른 도시로 떠나야 했거든요. 운터스베르크 산 발치에 도착해서도 여전히 안개는 짙었어요. "케이블카를 타면 구름 위로 올라갈 수 있겠지" 싶었어요. 웬걸, 산 위로 올라가도 안개와 구름이 빼곡해서 몇 발자국 앞에 떨어진 사람도 안 보일 정도였죠.

"아니, 아무것도 안 보이네!"

안개 속에서 할 일은 없고, 그렇다고 바로 돌아가자니 왠지 아깝고 해서, 영업을 중단한 카페 테라스 자리에 쌓인 눈을 털고 멍하니 앉아 있었죠. 그러다 보니 이런 생각이 퍼뜩 드는 거예요.

'아니지, 아무것도 안 보이는 게 아니지. 여기는 사실 눈도 있고, 구름도, 안개도, 공기도 훤히 눈앞에 있는데, 내가 그걸 안 보인다고 규정했을 뿐이야. 그저 내가 안 보려고 고집을 피웠을 뿐, 사실은 모든 게 눈앞에 펼쳐져 있고 훤히 보이는 것이 아닐까?'

이미 제 앞에 있던 갖가지 만물 가운데 제가 보고 싶은 것만 골라서 보려 했다는 생각이 든 거예요. 그러니 섣불리 '아무것도 없다'고 말하는 게 얼마나 좁디좁은 생각이었는지를 반성했죠.

그렇지만 이렇게 치우친 사고방식은 습관적으로 쓰는 말에도 이미 녹아들어 있어요. 우리는 '빈터'라든가 '놀고 있는 땅'이라는 말을 곧잘 쓰죠. 사실 그 땅은 비어 있지도 않고, 놀고 있지도 않을 텐데 말이에요. '빈터'는 사실 들풀이나 자갈, 하다못해 흙으로라도 가득 찬 공간일 거예요. '놀고 있는 땅'은 부지런히 빗물을 머금었다가 하늘로 날려 보내기도 하고, 제 품에서 무언가를 길러 내고 있을지도 모르죠. 그런데도 우린 '빈터'나 '놀고 있는 땅'이라는 말을 썼어요. 그 땅 위에서 돈이 될 만한 일이 벌어지고 있지 않을 때라면서요.

그럴 법도 해요. 우리 주변에는 워낙에 돈을 만들어 내는 공간이 빼곡하게 들어차 있으니까요. 특히 도시라면 더욱요. 우리는 집 바깥을 으레 '공공장소'라고 부르고는 하지만, 그 가운데 사실 아무에게나 대가 없이 열린 '진짜 공공장소'는 거의 없는 것 같아요. 도시에는 돈을 써야만 머무를 수 있는 공간이 촘촘히 들어차 있고 카페, 식당, 영화관, 유료 주차장 같은 곳은 누군가에게 돈을 벌어다 주는 공간들이기 때문이에요.

그러다 보니 돈을 벌어다 줄 수 있는 공간만 값어치가 있다고 생각하기 십상이에요. 어떤 공간의 가치를 따질 때 '얼마나 돈이 되는지'를 습관처럼 묻게도 되고요. 이런 눈으로 본다면 열대우림은 어디까지나 '빈터' 아니면 '보물 상자'로만 보이겠죠.

그렇지만 '돈이 되는 곳'만 남겨 둔다면 우리는 대체 어디서 마음 편히 쉬고 놀 수 있을까요? 체코의 수도 프라하에서 저는 돈벌이와 아무 상관없이 만들어 둔 넓은 공원을 산책했어요. 주말이라서 프라하 시민들도 많이 보였죠. 잔디밭에서 공놀이를 하는 사람들을 보니 제가 다 흐뭇했고요, 여럿이 모여 달리기를 하거나 넓은 벤치에 드러누운 사람들도 있었죠.

한국에 돌아와서 똑같이 공놀이를 하는 사람들을 마주쳤는데, 희한하게도 이때는 뭔가 답답한 느낌이 들었어요. 왜일까 생각해 보니 넓은 공원이 아니라 사람과 차가 오가야 하는 아파트 앞 길목에서 놀고 있어 보행자에게 방해가 됐던 거예요. 그렇지만 그 사람들을 탓할 수가 없었어요. 마음 놓고 공놀이를 할 만한 넓고 빈 공간이 어차피 없다시피 했거든요. 애초에 달리 선택지가 없었겠죠. 동네에 있는 곳들은 다들 '쓸모'가 정해져 있었어요. 물건을 파는 곳으로, 누군가 계속 지나다녀야 하는 곳으로, 돈을 내고 운동을 하는 곳으로 등등, 용도와 이점이 정해져 있었죠.

이미 머리가 굳어 버린 도시 사람의 상상력으로는 조금 역부족일 수도 있겠지만, 브라질의 대통령 룰라 다 시우바(Luiz Inácio Lula da Silva)가 얘기한 '가능성이 펼쳐진 꽃밭'은 마치 누구에게나 열린 넓은 공원과 비슷한 느낌이지 않을까요? 누구나 와서 공놀이를 해도 괜찮고 운동을 해도 괜찮고 낮잠을 자도 괜찮은 곳 말이에요. 원주민들이 살아도, 동식물들이 와서 지내도, 아무도 돈을 안 벌어다 준다며 타박하지 않는 너그러운 공간요.

뉴욕의 하이라인 공원은 과거 버려진 상업용 철도를 리모델링하여 만든 친환경 공공 공원이다.
이처럼 오늘날 도시들은 시민들의 건강과 행복, 삶의 질에 기여할 수 있는
양질의 공공 공간을 창출하고자 시도하고 있다.

○ 1월 ○

위기가 지나면
무엇이 찾아올까?

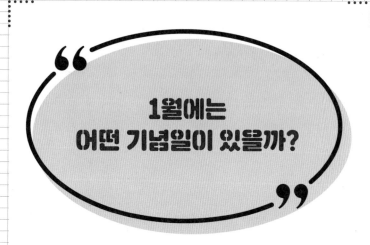

1월에는 어떤 기념일이 있을까?

1월 5일	1월 31일
국립 새의 날	**국제**
(미국)	**얼룩말의 날**

○기후·환경과 관련한 또 다른 기념일을 찾아보고, 아래에 써 보아요.

○1월, 나만의 환경 기념일을 만들어요!

예) 겨울 철새에 대해 알아보는 날

함께 생각해 봅시다

.Q.

새를 좋아하나요? 별다른 관심이 없나요?

새에게 짓궂은 장난을 한 적은요?

새에 관한 느낌을 편히 이야기 나눌까요?

.Q.

서식지가 파괴되고 불법으로 이루어진 사람들의 거래 등으로

많은 새들이 멸종 위기에 처해 있습니다. 위기에 처한

새들을 찾아서 그림으로 옮겨 볼까요?

.Q.

멸종 위기 동식물 보호 등 환경 관련 국제 기념일은

연중 대략 100개라고 합니다. 1월 31일 '국제 얼룩말의 날'도 그중 하나예요.

얼룩말의 트레이드마크인 얼룩무늬가 아주 인상적이죠?

근데, 얼룩말에는 왜 이러한 얼룩무늬가 생겨났을까요?

고양이가 사람과 말을 나눴더라면

제일 소외된 지역에 있는 제 마을 같은 곳은
기후 위기에 관한 지식이 부족합니다.
또, 기후와 관련된 중요한 결정을 내리는 자리에
드러나지도 않고, 동참하지도 못합니다.

마나 오마르
(기후 정의 활동가)

소외된 존재들은 대개 결정권을 갖지 못합니다. 누가 결정을 내리고, 누가 그 결정대로 따라야 하는지를 잘 보면 어느 쪽에 힘이 실려 있는지를 금세 알 수 있어요. 이를테면 학교에서는 대체로 아이들의 동의를 구하지 않은 채 수업 시간과 수업 내용을 정합니다. 길에 떠돌던 개가 잡히면 주인이 없고 보낼 곳이 마땅하지 않은 경우, 개의 의지와는 상관없이 안락사하는 경우가 많습니다. 땅의 뜻을 묻지 않은 채 포클레인으로 땅을 파기로 하고요, 모래의 생각은 묻지 않고 공사장으로 퍼 나릅니다. 나무의 입장을 생각하지 않고 베어 버리기도 하죠. 아이들도, 개도, 땅도, 모래도, 나무도 허락한 적 없는데 말이에요.

한국에서는 아직 생소할지도 모르지만, 유럽의 여러 나라에서는 독일의 동물보호당처럼 동물들의 권리를 옹호하는 정당들이 생겨나고 있습니다. 물론 이를 두고 갑론을박이 벌어지죠. 인간이 아닌 다른 동물들에게 과연 인간 사회 속 권리를 부여할 수 있느냐며 말이에요.

그렇지만 다른 동물들이 사람의 말을 고스란히 알아들을 수 있었다면 혀를 쯧쯧 차며 기가 막힌 노릇이라고 했을 거예요. 애초에 권리를 넘겨준 적도 없는데 먼저 다른 생명체들을 마음대로 이용해 먹은 건 인간이면서, 이제 와서 다른 동물들에게도 권리를 주네 마네, 왈가왈부하고 있으니 말이죠. 만약 생명 전체를 관장하는 법정이 있다면, 인간은 말도 못 하게 큰 죄를 선고받을지도 몰라요. 다른 생명체들의 허락 없이 목숨을 빼앗고, 사는 곳을 망치고, 팔아넘기고, 일을 시키는 등등의 죄목으로 말이죠.

여행을 간 친구의 고양이를 돌봐 주며 열흘을 함께 보낸 적이 있습니다. 고양이를 챙겨 주는 건 처음이었기에 어떻게 해야 고양이의 마음을 이해할 수 있을지 계속 노력해야 했어요. 몸짓이나 꼬리를 보면 기분을 알 수 있다고 주워듣기야 했지만요.

지금 바로 내 앞으로 걸어와 벌렁 드러눕는 고양이가 무얼 바라는지를 찰떡같이 알 수는 없었습니다. 가끔 고양이는 '먀오' 거리며 무어라 말도 걸었습니다. 그 말을 제가 통 알아듣지를 못하니, 참 답답했을 것 같아요. 고양이는 분명 이게 좋다, 저게 싫다, 제게 다 얘기를 했을 텐데, 저는 엉뚱한 짓만 하고 있었을 테니까요.

기후 정의 활동가이자 케냐 카지아도 지역의 '미래를 위한 금요일(Fridays For Future)' 대표, 마나 오마르(Mana Omar)의 말을 곱씹게 돼요. 소외된 존재들의 말을 들어 주지 않는 까닭은 그게 '쉽고 편하니까'겠죠. 잘 이해도 안 가고, 소리도 크지 않은 말에 귀를 기울이는 건 귀찮고 힘이 드니까 말이에요. 그런데 이게 과연 '누구에게' 쉽고 편한 일인지를 물어봐야 합니다. '쉽고 편하다'는 건, 따지고 보면, 소외되지 않고 힘 있는 자들의 생각입니다. 소외된 당사자들 입장에서는 결코 '쉽고 편한' 일일 리가 없거든요. 목소리를 안 들어 주면 그저 힘들고 불편한걸요.

우리는 대개 소외된 자들 쪽에 서는 일이 많습니다. 누군가는 부정하고 싶을지도 몰라요. 나는 충분히 힘이 있다고 항변하면서 말이에요. 그렇지만 인간 세계에서는 때로 상상조차 못 했던 갖가지 이유로 누군가를 멀리 밀쳐 내고는 합니다. 돈이 없으니까, 시골 사람이니까, 나이가 어리니까, 나이가 많으니까, 아기를 낳았으니까, 아기를 낳지 않았으니까, 한국 사람이니까, 한국 사람이 아니니까······.

서로가 서로를 밀쳐 내려는 이 '랜덤 소외 게임'에서 영원한 강자는 없습니다. 그러니까 힘주어 외쳐야 합니다. 소외된 자들의 말을, 곧 우리의 말을 들어야 한다고 말이죠. 우리 말을 들어 주지 않아서 우리가 너무 힘들고 불편하다고 말이에요.

인구는 많을수록 좋을까?

지구에 있는 자원을 계속 사용할 수 있는지는,
인구가 폭증하는 속도를 늦출 수 있는가에
달려 있다는 사실을 우리 모두 차츰 깨달아 가고 있다.
새로운 아이를 낳게 되면 이미 낳은 아이의 건강이
위험해진다는 사실을 어머니가 알듯이,
똑같은 추론 방식이 전 지구적인 차원에도
적용되는 것이다.

『임신중지의 심리학
(The Psychology of Abortion)』
(지네트 파리 지음)

초등학교 때 같은 반에 아이들이 몇 명 있었는지 기억하시나요? 도시에 살았는지, 농촌이나 산촌에 살았는지, 또 언제쯤 초등학교에 다녔는지 등등에 따라 답이야 달라지겠죠. 서울에서 조금 떨어진 수도권에 살았던 제 경험을 얘기하자면 이렇습니다. 얼추 40명 남짓한 아이들이 한 반에 들어가 있었어요. 그러던 것이 요즘은 똑같은 동네 똑같은 학교인데도 한 반에 학생들이 스물몇 명 정도라고 합니다. 초등학생 친구에게 이 얘기를 듣자 퍼뜩 떠오른 생각은 '와, 부럽다!'였어요.

교실 안에 아이들이 오밀조밀 모여 있으니 스트레스를 받을 일도 많았거든요. 어려서부터 눈이 나빴던 저는 자리 뽑기를 하다가 뒤쪽 자리가 걸리면 칠판이 안 보여 답답하고 불편했습니다. 좁은 공간에 책상을 촘촘히 배열해 두니 지나다닐 때 물건이 걸리적거린다든가 가방끈 따위에 걸려 넘어지는 일도 심심찮았어요. 그리고 급식을 받으려고 줄을 서거나, 체육 시간에 순서를 기다리거나 할 때면 누군가는 항상 앞선 40명만큼을 기다려야 했겠죠. 그 40번째 사람이 제가 되는 일도 곧잘 벌어졌고요.

물론 나이가 훨씬 더 많은 어른들이 이런 얘기를 들으면 콧방귀를 뀔지도 모르겠어요. 옛날에는 아이들을 60~70명씩 한 반에 몰아넣었다고도 하니까요. 그런데 한 반에 스물 몇 명뿐이라니, 얼마나 널찍하고 쾌적할까요! 아니나 다를까, 새로 태어나는 사람이 적어 한국 인구가 줄어들지도 모른다며 걱정하는 뉴스가 들리기 시작했습니다. 사실 좀 의아하기도 했죠.

'인구가 줄어드는 게 뭐가 나쁘다는 걸까?'

인구가 줄어드는 걸 안 좋은 일로 여긴다면, 반대로 인구가 늘어나는 게 무작정 좋은 일이기만 할까요? 설령 늘어나는 게 좋은 일이라 한들, 대체 언제까지 늘어나도 괜찮은 걸까요? 한국 땅 크기는 그대로인데 사람이 한없이 많아지기만 한다면 너무 답답하지 않을까요?

사람이 적당히 적어지면 생활이 쾌적해진다는 사실을 몸소 깨달은 건 유럽의 슬로베니아에서였어요. 그곳의 인구 밀도는 한국의 5분의 1 정도랍니다. 똑같은 거리를 걷더라도 한국에서 5명을 마주칠 동안 그곳에서는 1명 정도를 마주친다는 뜻이죠. 그래서인지 그곳은 수도마저도 사람이 복작거리지 않고 한산했어요.

슬로베니아의 시골로 들어가면 더더욱 사람이 드물어졌죠. 한 시간을 내리 걸어도 다른 사람을 한 명쯤 마주칠까 말까 싶을 정도였어요. 그러다 보니 점점 만나는 사람들이 반가워졌답니다. 자연히 느긋한 마음으로 남들에게 더 친절해졌죠.

그런 너그러움과는 정반대로, 서울로 외출만 했다 하면 배터리가 쭉쭉 닳은 채 집으로 돌아오던 제 모습이 떠올랐습니다. 사람이 득실득실한 대중교통을 타고 나가서, 마찬가지로 여전히 북적북적한 미술관이나 식당에 들렀다가, 역시나 붐비는 지하철을 타고 집으로 돌아오는 길 내내 사람에 치이니까요. 사람이 너무 많으면 도리어 인류애가 뚝뚝 떨어집니다. 오죽하면 사람이 꽉 찬 출퇴근 시간 지하철에 '지옥철'이라는 별명을 붙이겠어요. 그래서 서울보다 인구밀도가 높은 파리나 마카오에서 생활하는 건 어떨지 엄두조차 나지 않습니다.

그러니 사람이 많다고 반드시 사람살이가 나아진다는 보장은 없을 것 같습니다. 머릿수가 많고 적고를 따지기에 앞서, 지금 있는 사람들이 즐겁고 편안하게 살아가고 있는지를 짚어 봐야 하지 않을까요? 너무 좁은 공간에 집을 다닥다닥 짓고 사는 건 아닌지도 살펴보고요. 누군가에게 음식이 부족하게 돌아가는 건 아닌지도 따져야겠죠.

또한 '이미 낳은 아이들'에게 이 세상이 상냥한 곳인지도 살펴봐야 하겠습니다. 그래야 '새로운 아이'를 낳더라도 사람들이 꾸역꾸역 '낑겨' 사는 지옥 같은 세상 대신, 다정한 세상으로 떳떳하게 초대할 수 있을 테니까요.

· 2월 ·

가까이 관심을
갖는 마음

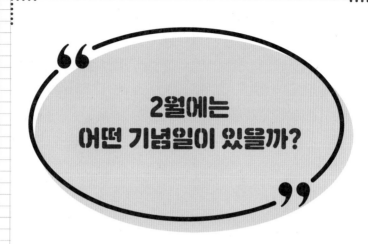

**2월에는
어떤 기념일이 있을까?**

2월 2일	2월 셋째 주 일요일	2월 27일
세계 습지의날	**세계 고래의 날**	**국제 북극곰의 날**

ㅇ기후·환경과 관련한 또 다른 기념일을 찾아보고, 아래에 써 보아요.

ㅇ2월, 나만의 환경 기념일을 만들어요!

예) 기부나 후원으로 환경 보호에 동참하는 날

함께 생각해 봅시다

.Q.

좋아하는 여행지가 있나요?
여행을 가면 주로 무엇을 하며 시간을 보내나요?
여행지에서 만난 새로운 동식물, 낯선 경험, 인상적이었던
문화 체험을 들려주세요.

.Q.

습지에 가 본 적 있나요? 즐겨 찾는 공간이 아닐 수도 있겠지만,
생태환경에 있어 '꼭 필요한' 곳이랍니다. 왜 습지가 중요한지,
습지가 사라지면 지구가 어떤 어려움에 처하는지 조사해 볼까요?

.Q.

고래는 많은 이들이 좋아하는 동물 중 하나입니다. 환경을 보호하여
고래를 오래도록 볼 수 있다면 참 좋겠죠.
고래가 등장하는 노래, 동화, 그림책, 소설 등
각자 알고 있는 콘텐츠를 적고, 어떤 내용인지 이야기해요.

포크 대신
손으로

서양인들은 우리가 농사를 짓는 데 그들의
화학제품이 필요하지 않다는 것을 알아야 합니다!
우리의 밭은 우리 공동체가 살아가는 데 필요한
모든 과일과 야채를 제공합니다.
그 어떤 제초제도 그 어떤 화학 비료도 없이 말이죠.
스리랑카인들이 25세기 동안
늘 해 오던 일입니다!

『에코사이드』
(마리 모니크 로뱅 지음)

도구가 많지 않아도 사는 데 지장이 없다는 걸 깨달은 때는 발리 친구들과 발리식으로 밥을 먹었을 때였습니다. 발리에서는 다른 도구를 쓰지 않고 오른손으로 식사를 하거든요. 물론 외국인 여행객들의 식탁에는 꼬박꼬박 포크와 숟가락이 올라옵니다. 외국인인 제 식탁에도 포크와 숟가락이 올라왔습니다. 그래서 포크와 오른손은 서로 건널 수 없는 강의 반대편에 서 있는 것처럼 느껴지기도 했어요. '포크의 강변'에만 머무르다가는, 발리 사람들과 '진짜 친구'가 될 수 없을지도 모른다는 아득한 기분이 있었죠.

그렇지만 처음으로 '오른손의 강변'으로 넘어가려니, 주춤거릴 수밖에 없었습니다. '그냥 맨손으로 밥이랑 반찬을 집어서 먹는다고? 너무 뜨겁지는 않을까? 소스도 저렇게 질척질척한데 손으로 잘 집을 수 있을까? 깨끗하기는 해?' 다짜고짜 더듬더듬 흉내를 내 보았습니다. 치킨이나 과자를 집어 먹을 때 손을 쓰는 일은 흔했으므로, 어렵지는 않을 거라 예상했어요.

한데 오른손으로 음식을 가지런히 집어 입 안에 쏙 넣으려면 생각보다 연습이 필요했습니다. 처음에는 고개를 똑바로 두지 못하고, 물을 마시는 닭처럼 목을 하늘로 꺾어야 음식을 입에 넣을 수가 있었습니다. 그러다 이제는 요령이 생겨, 네 손가락으로 음식을 담은 다음 엄지손가락으로 밀어 입으로 집어넣습니다. 고개를 꺾지 않아도 밥을 먹을 수 있게 되었죠.

그리고 손으로 먹어 보고서야 터득했어요. 어쩌면 손이 가장 깨끗한 식기라는 사실을요. 내 손을 얼마나 깨끗이 씻었는지는 스스로가 제일 잘 알고 있으니까요. 반대로 식당에서 내오는 식기가 반드시 잘 닦였을 거라고는 보장할 수가 없죠. 무엇보다도 손으로 밥을 먹으면 맛이 더 좋아져요. 음식의 온기와 촉감을 더 잘 느낄 수밖에 없거든요. 그렇게 들어오는 정보가 많아지니 맛도 풍성하게 느껴집니다.

고작 밥 한 번 먹었을 뿐인데, 새로운 기술이나 물질이 없어도 먹고사는 일을 얼마든지 잘 해낼 수 있다는 자신감이 붙었습니다. 생각해 보면 현대적인 기술이 생겨나기 전에도 사람들은 잘만 생활했는걸요. 와이파이도 휴대폰도 없는 세상에서, 놀고 배우고 사랑하고 일하고 쉬며 지냈습니다.

반대로 지금 우리는 휴대폰만 곁에 없어도 안절부절못합니다. 사실 휴대폰이 없어도 괜찮은데 말이죠. 수저 없이 손으로도 밥을 잘만 먹을 수 있다는 걸 아득히 잊고 지냅니다. 우리는 이왕이면 '신상'을 좋아합니다. 최신형 휴대폰이 나오면 얼른 바꾸고 싶어 엉덩이를 들썩거립니다. 의류 스타일러가 만들어졌다고 하면, 원래는 별 생각이 없었다가도 갑자기 그 기계를 사용하는 게 '로망'이 되기도 합니다.

그렇지만 새로운 기술이 우리 삶을 마냥 좋게 바꿔 주지만은 않았습니다. 앞에서는 편리함이라는 가면을 쓰고 있지만, 무대 뒤편에서는 우리 삶의 터전을 갉아먹는 기술이 많았어요. 플라스틱도, 핵분열 기술도, 에어컨도, 처음 등장했을 때는 획기적이고 경이로운 발명품이라 찬사를 받았습니다. 그때는 어떤 해악을 끼칠 수 있는지를 미처 몰랐으니까요. 웃으면서 다가오지만 속에는 어떤 꿍꿍이가 감춰져 있는지 모릅니다. 때로는 인간이 아무리 노력하고 대비해도 알 수 없는 일들도 있어요.

그래서 저는 새로운 생활 가전이 등장할 때면 경계를 하고 봅니다. 그 물건이 없어도 사는 데에 지장이 없다는 걸 되새깁니다. 커피와 물이 함께 나오는 정수기도, 맥주 제조기도, 식물 재배기도, 슈트케이스도요. 물건을 만들고 사용하느라 엄청난 탄소가 배출될 것이고, 그러면 말로는 '생활 가전'이라며 생활의 기쁨을 높여 본다는 핑계를 대면서 정작 가장 기본적인 생존이 위협할지도 모르는 노릇이니까요.

피클에서
해롱해롱으로

모두가 정보를 접할 수 있게 해야 해요.
단순한 용어를 쓰고, 각자의 모국어로 알 수 있게요.
평범한 사람들이 자신들에게 영향을 끼치는
정책에 관해서 쉽게 알 수 있어야 해요.
'공기에서 탄소를 없앤다'고 말할 수 있는데도
굳이 '탄소 격리'라는 말을 쓰지는 마세요.

알마즈 무달리
(청소년 기후 활동가)

'있어 보이는' 말들을 곧잘 쓰시나요? 저는 종종 써요. 오랜 습관 때문일 거예요. 초등학교 때부터 어른이 될 때까지 줄곧 '범생이'로 살아와서, 남들이 "오호~" 하며 감탄할 만한 격식 차리는 표현을 써야 한다는 강박이 있어요. 어려운 말이 제게 갑옷이나 무기나 왕관이 되어 주기를 기대했던 것이겠죠?

실제로 어려운 말 덕에 도움을 받았구나 싶은 때도 있었어요. 초등학교인가 중학교 때, 선생님이 문방구에 가서 물건을 바꿔 오라며 심부름을 시킨 적이 있어요. 클리어파일을 바꿔 와야 했는데, 파일에 약간 먼지가 묻어 있었죠. 문방구 주인아저씨가 물건이 지저분해져서 바꿔주기 곤란하다고 하자, 저는 정색을 하며 "제가 취급했던 게 아니라 모르겠는데요" 하고 응수했죠. 어린아이 입에서 나왔던 "취급"이라는 딱딱한 말 때문이었는지, 아저씨는 더 이상 아무 말 없이 그냥 물건을 바꿔 주었어요. 제가 말해 놓고도 그 효과에 내심 감탄했죠.

이렇게 '어려운 말 정책'을 적극 휘두르던 저와 전혀 다른 길을 걷는 자가 있었으니, 바로 우리 엄마였어요. 특히 외국 말을 쓸 때면 둘의 차이가 두드러졌죠. 언젠가는 가족 여행을 가서 일본 긴자에 있는 이탈리아 식당에 갔어요. 한국에서 흔히 주는 피클이 그곳에서는 영 식탁에 올라올 기미가 보이지 않더라고요.

우리 가족 중에서 가장 영어를 잘하는 제가 첫 번째 타자로 나섰죠. "피클"이라는 말이 통하지 않자, "채소를 식초와 설탕 등등으로 절인 음식"이라고도 풀어서 설명했지만, 서버는 여전히 영 모르겠다는 표정이었어요. 그때 두 번째 타자로 엄마가 나섰죠. 가방에서 포스트잇과 펜을 꺼내더니, 오돌토돌 길쭉한 통 오이를 그리고, 착착 썰어 내듯이 선을 그었어요.

그제야 서버는 일본 발음으로 "아~ 피크르스!" 하고는 상쾌한 얼굴로 주방에 물어보겠다며 갔죠. 누가 이기고 지는 문제는 아니었는데도, 어딘가 저의 '어려운 말 정책'이 진 것 같은 찜찜한 기분이 들었어요.

그 뒤로도 저는 '쉬운 말 왕국'에 사는 엄마의 활약을 쭉 곁에서 지켜보았어요. 발리에 가서 향을 사고 싶을 때면 말을 모르더라도 손으로 향 막대기와 향 연기를 '기깔나게' 표현해서 뜻이 통했고요. 미얀마에서 석양 무렵에 보트를 탔을 때는 "부웅~ 칵!"이라는 의성어를 맛깔스럽게 써 가며 "외국인이 전기 자전거를 섣불리 빌려서 타다가는 사고가 나니 조심해야 한다"라는 복잡한 내용을 단숨에 전달했죠(그렇게 보디랭귀지로 열띤 대화가 벌어지는 바람에, 정해진 시간을 훌쩍 넘겨 가며 훨씬 오랫동안 석양을 구경했지 뭐예요). **쉬운 말**(과연 이걸 몸짓이라고 불러야 할지, 말이라고 불러야 할지는 모르겠지만)의 효과는 어마어마했죠.

얍삽하게 저는 한껏 점잖은 척만 계속하고, 피카츄를 내보내듯 엄마를 내세워 '쉬운 말'의 효과를 오랜 시간에 걸쳐 시험하고 확인했어요. 그렇게 확인한 효과가 쌓이고 쌓여, 이제는 저도 '이거 꽤 쓸모 있겠는데?' 하며 설득이 되었죠. 그래서 시험 삼아, 또 재미 삼아, '쉬운 말 정책'으로 방향을 틀어 보았어요. 평생을 범생이로 살아온 사람으로서는 한 번도 안 해 본 모험을 감행했던 셈이에요. 무엇보다도 괜히 부끄러운 마음이 컸죠. 아무도 저를 나무라지 않는데도요.

말이 잘 통하지 않는 일본에서 저는 마음껏 '쉬운 말'을 써먹어 봤어요. 말을 하다가 사슴, 양, 새 같은 단어를 모를 때면 사슴 뿔, 양의 뿔, 새의 날개를 서슴없이 흉내 냈죠. 그러면 상대방은 즐거워하며 찰떡같이 알아들었어요.

한번은 일본에서 동네 식당 겸 술집에서 수다를 떠는데, 옆자리에 계시던 분이 "취한다"는 말을 한국말로 어떻게 발음하느냐고 물어보셨어요. 제가 "취한다"고 말씀드리니, 그 발음이 일본 사람에게는 영 어려웠던 모양이에요. 뭔가 더 쉬운 말이 없을까…… 곰곰이 생각하다가 퍼뜩 떠올렸죠. "해롱해롱!" 그러자 일본에서도 발음이 비슷한 'へろへろ(헤로헤로)'라는 말을 쓴다며 반가워하셨어요. 우리는 예상치 못했던 우연에 아이들처럼 웃음을 터뜨렸죠. 사실 아이들 같다고 하기에는, 서로 술 냄새를 풀풀 풍겼지만요.

괜히 부끄러워서 막상 말을 떠올리고도 꽁꽁 감출까 잠깐 망설이기도 했지만, 내뱉고 나니 역시 말은 혼자 품고 있을 때보다 여럿이 나눌 때 더 좋다는 생각이 들었어요. 말은 사람과 사람 사이에 오가는 종이비행기 같은 거니까요. 그러려면 무게 잡지 말고 가볍게 만들어야 멀리 잘 날아가겠죠. 멀리 퍼뜨려야 하는 중요한 말일수록 말이에요.

하물며 알마즈가 얘기한 기후 위기 정책처럼 중요한 일이
라면 가볍게 만들어 널리 보내 보자고요.

· 3월 ·

지킬 수 있어,
구할 수 있어

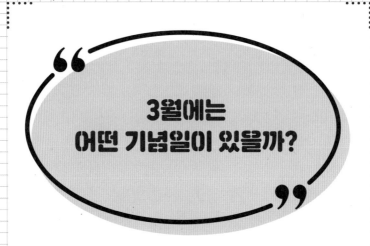

> **3월에는 어떤 기념일이 있을까?**

3월 3일	3월 21일	3월 22일
세계 야생 동식물의 날	**세계 숲의 날**	**세계 물의 날**

○ 기후·환경과 관련한 또 다른 기념일을 찾아보고, 아래에 써 보아요.

~~~~~~

~~~~~~

~~~~~~

○ 3월, 나만의 환경 기념일을 만들어요!

예) 숲으로 봄 소풍 가는 날(사 먹지 말고 도시락 싸서)

~~~~~~

~~~~~~

~~~~~~

함께 생각해 봅시다

·Q·

동식물을 지키려는 전 세계적인 노력이 꾸준히 이어지고 있어요.

3월 3일 세계 야생 동식물의 날도 그중 하나입니다. 멸종되지 않도록,

함께 살아갈 수 있도록, 사라져 가는 동식물에게 편지를 보내요.

·Q·

숲과 물에 대한 관심도 마찬가지입니다. 숲이 사라지지 않아야

지구가 계속될 수 있어요. 물이 부족하게 되면 모든 생명이

살아가기 힘들어질 거예요. 숲과 물을 소재로 그림을 간단히 그려 볼까요?

·Q·

세계 각국이 처한 기후 위기 보도를 자주 접합니다.

보도에서 자주 나오는 미국이나 유럽의 나라들 말고

기후 위기가 심각한 다른 나라의 사례를 찾아볼까요?

구멍 뚫린
세계 지도

오랜 항해에서 낙이 되는 일이 몇 가지 더 있다.
세계 지도는 여백이 사라지고 대신 다양하고
생기 넘치는 삽화로 가득 찬다.
대륙들이 그동안 제대로 평가하지 않아,
유럽의 왕국들보다도 훨씬 큰 섬임에도
그저 미미한 점 정도로만 여겼던 지역들이
자신의 진짜 공간을 갖게 되는 것이다.

찰스 다윈
(생물학자)

진화론의 창시자로 유명한 생물학자 찰스 다윈이 세계 일주를 하던 시절 이야기입니다. 어떤 곳인지 전혀 모르던 때는 머릿속에서 빈 공간으로 머무르던 곳들에 알록달록한 그림이 그려집니다.

이 말을 들으니 장식용으로 팔고는 하는 세계 지도가 떠오르네요. 흰 바탕에 나라들을 그려 두고, 다녀온 곳은 직접 색연필로 색칠해 볼 수 있는 세계 지도요. 또는 전 세계를 금박지로 덮어 둔 뒤, 다녀온 곳을 긁어 내면 그 안에 숨어 있던 자세한 지도가 나타납니다. 만약 이렇게 빈칸을 밝혀 가는 지도가 그 시절에도 있었다면, 찰스 다윈도 하나쯤 사 들고 세계 일주에 나섰을지도 모르죠.

빈칸을 채워 가는 세계 지도는 머릿속을 실제로 잘 반영하기도 합니다. 우리가 잘 모르는 곳은 머릿속에서도 백지니까요. 생전 처음 가 보는 나라로 여행하기 전이면 제 머릿속에는 막막한

빈칸이 펼쳐집니다. 아프리카에 붙어 있다는 이유만으로 낯설게 느껴졌던 모로코도 딱 그런 느낌이었어요. '무슨 옷을 챙겨 가야 하지? 메마른 사막뿐이라 너무 뜨겁고 건조하면 어쩌지?'

한데 실제로 가 보니, 모로코는 밤이면 코끝이 차가울 만큼 춥기도 하고, 또 기차를 타고 여덟 시간씩 달리는 내내 들판에 알록달록한 들꽃이 피어 있었어요. 아무것도 몰랐을 적 상상했던 모습과는 딴판이었죠. 장막 같은 빈칸을 걷어 내고 실제 풍경 속을 누비다 보면, 백지였던 자리에 생김새와 음식과 흔히 보이는 꽃과 건물 모양 등등이 채워집니다.

그렇지만 관심을 갖지 않으면 어딘가는 하염없이 백지로 남아 있습니다. 우리에게는 너무나 익숙하고 자세하게 떠오르는 한국도, 어떤 이들에게는 그저 백지입니다. 여행 중에 만난 어느 프랑스인은 "한국 사람들은 대체 무얼 먹고 사니?"라고 질문을 던졌습니다. 포르투갈의 골동품점을 지키던 할아버지는 "한국이라면 베트남과 비슷하지 않을까?"라며 베트남의 생활상이 담긴 책을 권해 주었고요.

나름의 순수함이나 호의를 발휘해 던진 말들이겠지만, 저는 어디서부터 어떻게 답해야 할지 난감하기도 했어요. 이 사람들에게 한국은 아무런 '연관 검색어'도 떠오르지 않을 광활한 백지일 테니까요. 마치 제가 아프리카에 가 보기 전, 그곳은 1년 내내 끓는 듯이 덥기만 할 거라 짐작했던 것처럼요.

세계 지도는 사람들이 관심을 갖는 중요하고 힘센 나라들은 빼곡하게 채워져 있지만, 눈길을 주지 않는 곳은 텅텅 비어 있습니다. 기상 이변으로 2022년에 미국에 폭설이 내리자, 온 세계 신문이 너 나 할 것 없이 미국의 폭설 피해를 대서특필했습니다. 시시각각 달라지는 상황을 빠르고도 자세하게 보도했죠. 반면에 같은 해에 방글라데시를 덮친 홍수는 거의 별말 없다시피 지나갔습니다. 이렇게 사람들은 세계 지도에서 스포트라이트를 받지 못하는 곳은 마치 중요하지 않고 심지어는 없는 것처럼 취급합니다.

전 세계에는 나라가 195개나 된다는데, 제가 이름을 댈 수 있는 나라는 몇 안 됩니다. 수많은 나라에 살고 있는 동식물은 또 어떨까요? 제가 떠올릴 수 있는 건 기껏해야 개나 고양이 정도인데 말이에요. 21세기를 살아가는 인간들은 마음만 먹으면 침대에 앉아서도 지구 어디든 구경할 수가 있습니다. 그렇지만 구글 지도가 제아무리 세계 구석구석을 보여 주더라도, 관심을 주지 않은 곳들은 하염없이 백지로 남아 있겠죠.

계속
차오르는 지갑

화석 에너지는 전부 재생할 수 있습니다.
3000만 년에서 3억 5000만 년 정도만 기다린다면요.

장마르크 장코비시
(기후·에너지 전문가)

화석 에너지가 '재생 에너지'라니 처음에는 솔깃하기도 하고, 또 놀랍기도 하죠. 엄청 오랜 시간을 기다려야 한다는 말을 듣기 전까지는요. 기대에 찼다가 김이 새는 기분도 들지만, 역시 귀한 것이 그냥 생겨날 리는 없었습니다.

저는 초등학교 저학년 시절 돈이 '그냥 끝없이' 생겨나는 줄로만 알았어요. 돈이 차고 넘치는 금수저 집안이어서 그랬던 건 전혀 아니었답니다. 단순히 개념이 없었죠. 돈이 필요하다 싶으면 엄마나 아빠 지갑을 열었어요. 그 안에는 항상 지폐가 들어 있었답니다. 원하는 만큼 꺼내서 하굣길 문방구에 들렀어요. 포켓몬 판박이가 들어 있는 껌이라든가 비즈 팔찌 만들기 재료 같은 걸 까마귀처럼 야무지게 사들였어요.

이튿날 돈이 또 필요해지면 다시 지갑을 열었습니다. 지폐가 또 들어 있었죠. 그렇게 원하는 만큼 꺼내서 쓰고, 사고, 나중에는 친구 것까지 사 주었다가, 당시 초등학생에게는 큰 금액인 5000원짜리 지갑을 친구에게 사 준 것이 알려져서, 친구 어머니가 이 5000원을 돌려주시겠다며 연락을 해 오셨죠. 그 바람에 저는 엄마아빠 지갑에서 현금을 하염없이 빼 가면 안 된다는 걸 배웠어요.

돈은 아무 이유 없이 계속 생겨나는 게 아니었어요. 샘물이 솟아나듯(사실 샘물도 결코 거저로 솟아나는 게 아닌데 말이죠) 지갑에서 절로 줄 알았던 1000원, 5000원, 1만 원짜리는 엄마아빠가 채워 넣었기 때문에 생겨난 것이었죠. 제가 쏙쏙 빼 가는 것을 타박하지 않았던 엄마아빠의 호의 덕분이었고요. 그보다 앞서 애초에 엄마아빠가 일을 해서 벌어 왔기 때문에 생겨난 것이었죠. 만약 친구 어머니가 연락을 하지 않았더라도, 제가 계속 돈을 빼서 쓰기만 했다면 엄마아빠의 호의가 닳아 버렸을지도 몰라요. 너그러운 마음도 보답하지 않으면 지쳐서 닳고 마니까요.

돈도 너그러움도 엄연히 알맞은 노력과 시간을 들여야 생겨난다는 사실을 깨닫고 나니, 그 작은 생각의 차이 하나로 제 씀씀이는 완전히 달라졌어요. 사고 싶은 물건이 생겨도 두 번 세 번 고민한 다음, 마지막에는 꾹 참고 안 샀죠.

용돈은 이를 쥐여 준 누군가가 품을 들여 만든 결과물이라는 것. 쓸 때는 보답하고 대가를 치러야 한다는 것. 초등학생인 제가 너무 늦지는 않게 깨우쳤던 씀씀이의 규칙이었어요. 그러니 정해진 용돈을 소중히 아껴 쓰는 초등학생의 마음으로, 우리 손에 들어오는 천연자원을, 전기를, 물을, 나무를, 고민하고 고민하며 아껴 썼으면 좋겠어요. 지갑이 텅 빌 때까지 써 버리고는 3000만 년 동안 하염없이 기다릴 수는 없잖아요. 지구라는 엄마 아빠가 3000만 년 넘게 차곡차곡 모아 둔 자원을 충분히 생각해 보고 현명하게 알뜰하게 썼으면 해요. 그게 지구의 너그러움에 보답하는 길이기도 하니까요.

30살, 46억 살, 어쩌면 137억 살

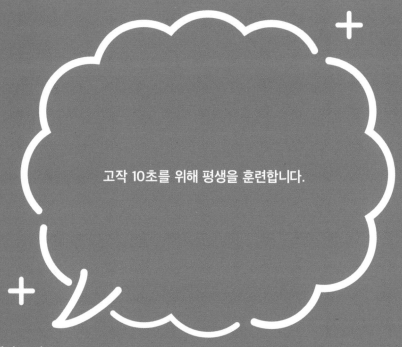

고작 10초를 위해 평생을 훈련합니다.

제시 오언스
(육상선수·흑인 민권 운동가)

이 책에 실은 글 한 편씩을 쓰는 데는 적으면 한 시간, 많으면 두세 시간쯤이 걸렸어요. 그리 오랜 시간은 아니죠. 쓰는 데 부담이 없었던 만큼, 읽을 때도 부담 없이 읽어도 상관없을지 몰라요. 시간을 때우는 용도로 흘려 읽고 다시 흘려 버리면 그만이듯이요.

그렇지만 사실은 글 한 편을 쓰는 데 30년이 걸린 것이죠. 제가 서른 살을 먹어 오는 동안, 글을 쓸 수 있는 손가락이 튼튼하게 자라나야 했고, 글감을 보는 눈도 길러야 했고, 글에 담을 생각을 해 줄 뇌도 커져야 했으니까요. 그 30년 동안, 간간이 글에 끼워 넣을 경험들도 쌓여 왔고요. 그러니까 30년이 걸려서야 써 낸 글인 것이에요.

그렇지만, 또, 여기서 끝이 아니죠. 이렇게 제가 30년 동안 자라나려면 부모님이 저를 낳아 주어야 했죠. 부모님은 저를 낳기 전까지 또 30년을 자라 왔고요. 그 부모님의 부모님이 있었어야

만 했고…….

지구는 46억 살 정도 먹었다죠. 그러니까 제가 지금 이렇게 살아 있는 건 46억 년이 흐른 덕분에 가능해진 일이에요.

자, 그렇지만, 시작점은 얼마든지 더 오래전으로 물러 볼 수 있어요. 지구가 탄생하기 전의 시간들도 쌓여 있으니까요. 지구가 생겨나려면 재료가 필요했을 테고요. 우주에 그런 재료가 생겨나기까지 오랜 시간이 흘렀을 거예요. 우주의 나이인 137억 년이라는 긴 시간요. 그러니까 지금 지구 위에서 벌어지는 일들은, 그 어떤 일이건 간에, 137억 년이 지나서 비로소 가능해진 일이에요.

그러니까 어느 것도 하찮은 일이라 할 수 없겠죠. 우리가 살면서 마주치는 그 어느 것도 예사로 흘려보낼 수 없는 일이에요. 냉장고에서 꺼내 마시는 시원한 물도, 얼굴을 닦아 주는 수건도, 집 앞 건널목 신호등도, 겨울이 되어 꺼내 신은 수면양말도, 모두 137억 년을 쌓아 올린 덕분에 바로 지금 존재하게 된 것들이에요. 우주 속에서 137억 년 동안 일어난 생성과, 시행착오와 우연과 인연과 어긋남과 충돌과 소멸 끝에 지금이 생겨난 것이죠. 앞으로 똑같이 137억 년을 보낸다 하더라도 똑같은 결과가 나오지는 않을 거예요. '바로 지금 이 137억 년'만이 만들어 낼 수 있던 것들이니까요. '또 다른 137억 년'이 흉내 낼 수조차 없어요.

137년도 채 살지 못하는 우리 인간에게는 아득하기만 한 137억 년이지만요. 137억 년이라는 렌즈를 끼고 바라보면 모든 것이 새삼스럽고 신기해요. 그렇게 새삼스러워하는 마음이 자신과 주변 사람들과 물건과 자연을 귀하게 여기는 마음을 낳았으면 좋겠어요. 흔하고 익숙하게 여기는 마음은 소홀히 대하도록 만들지만, 새삼스럽고 각별하게 여기는 마음은 아끼도록 해 주잖아요.

자, 다시 인사를 드리죠. 137억 년 동안 이 글을 기다려 주어서 고마워요. 오랜 시간이 흘러 드디어 만났네요.

○

나오며
김으로 감싸는 삶

바삭바삭. 참기름을 바르고 구워 소금을 뿌린 김은 끝없이 먹을 수도 있을 것만 같습니다. 김에다 맨밥만 돌돌 말아도 맛있고요, 멸치볶음 반찬이 있는 날에는 밥과 함께 싸도 맛있어요.

이제 저는 이 맛있는 김으로 밥을 싸서 먹을 때 아주 잠깐, 멈칫합니다. 이 김은 어느 바다에서 살랑살랑 흔들리며 자랐을까요? 그 바닷물에 혹시 방사능 오염수가 퍼져 있지는 않았을까요? 김에 뿌린 소금은 어디서 왔을까요? 바닷물을 증발시켜 얻은 소금이라면, 여기에도 어쩌면 방사능 오염수가 손을 뻗지는 않았을까요?

그렇게 잠시 오염된 바다를 떠올리며 멈칫하고는, 그래도 결국은 김으로 밥을 감싸서 입에 넣습니다. 여전히 맛이 좋아요. 언제나 집에 있는, 바삭하고 고소하고 자꾸만 손이 가는 이 김은, 어쩌면 저를 해코지하고 있을지도 모릅니다.

김은 맛있어서 한 통으로 멈출 수가 없습니다. 그래서 김을 먹고 나면 금세 쓰레기가 수북하게 나옵니다. 김을 포장하고 있던 비닐봉지도 있고요. 또 어떤 김은 플라스틱 통에 담겨 있죠. 하나둘 분리배출함에 넣으면 일주일 동안 금세 재활용 쓰레기가 쌓입니다. 저는 고작 작고 얇고 바삭한 김을 먹었을 뿐인데도요.

그래도 여전히 김을 먹습니다. 좋아하니까요. 또 생활에 필요하니까요. 비슷한 이유로 우리가 하고 싶고 해야 하는 일들은 더 더 더 많습니다. 김을 먹는 일 말고도 말이죠. 빨래를 돌리거나, 양말에 구멍이 나서 새로 사거나, 초콜릿을 까먹거나, 머리를 감는 일처럼요.

얇은 김 한 장에도 바다와, 원자력 발전소와, 그 폐기물과, 플라스틱 등등이 연결되어 있습니다. 아침 식탁에 앉아서도 모든 것들이 이렇게나 연결되어 있다는 사실을 알아차릴 수가 있습니다. 이렇게 연결되어 있다는 사실을 알아차린다면, 다르게 행동할 수 있는 틈이 생겨납니다. 예전에는 수두룩하던 플라스틱 용기가 김 포장에서 점점 사라져 가는 것처럼요. 꼭 행동을 멈추지 않더라도 말이죠. 어쨌건 좋아하고 필요한 행동이니까요.

예전에도 지금도 앞으로도 저는 김을 먹었고, 먹고 있고, 먹을 거예요. 다만 저를 해치지 않는 안전한 김을 먹고 싶어요. 김을 먹을 때 나오는 쓰레기는 줄었으면 좋겠고요. 여러분도 김을 맛있게 먹으며 지냈으면 좋겠습니다. 그래서 우리가 즐거운 시간을 누리면 좋겠습니다. 마음 편히 바삭바삭 김을 먹는 기쁜 순간들이 모여 삶이 되니까요. 자칫 쉽게 바스라지기도 하고, 흔하다면 참 흔하지만, 안에다 무엇이든 감쌀 수 있고, 그러면서도 어김없이 맛깔스러운 삶이요.

2024년 봄,

장한라

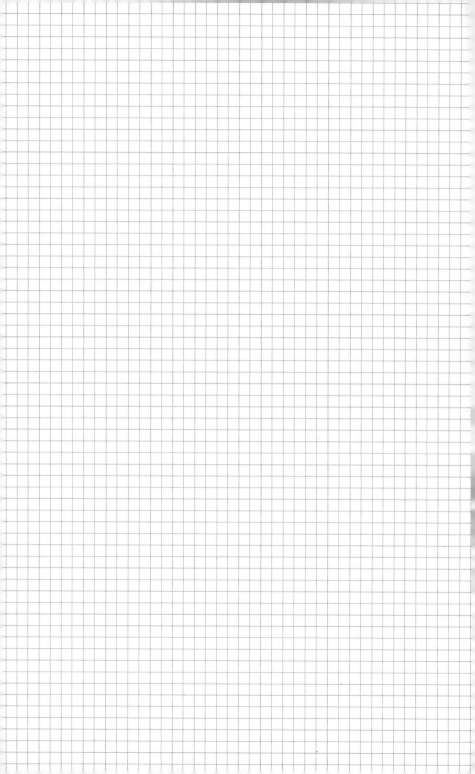